AF546130

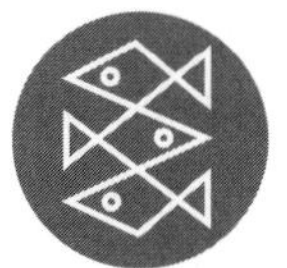

Mehr als elf Jahre lang, von 1964 bis 1976, zeichnete Robert Gernhardt monatlich für die Beilage ›Welt im Spiegel‹ der Satirezeitschrift pardon einen Comic in vier Bildern über ein Nilpferd: Schnuffis Abenteuer in allen Lebenslagen wurden bald schon legendär und sind bis heute unvergessen.

»Absoluter Kult!« *stern*

Robert Gernhardt (1937–2006) lebte als freier Lyriker und Schriftsteller, Maler und Zeichner in Frankfurt am Main. Sein großes literarisches, malerisches und zeichnerisches Werk wurde mit zahlreichen Preisen und Ehrungen ausgezeichnet, darunter mit dem Heinrich-Heine-Preis und dem Wilhelm-Busch-Preis. Robert Gernhardts umfangreiches Werk erscheint bei S. Fischer; zuletzt die Erzählungen ›Denken wir uns‹ (2007), die ›Gesammelten Gedichte 1954–2006‹ (2008) und ›Was das Gedicht alles kann: Alles. Texte zur Poetik‹ (2009).

Unsere Adresse im Internet: www.fischerverlage.de

Robert Gernhardt

Schnuffis Sämtliche Abenteuer

136 Bildergeschichten
mit einem Rückblick
als Nachwort

und einer Hommage von
Roger Willemsen

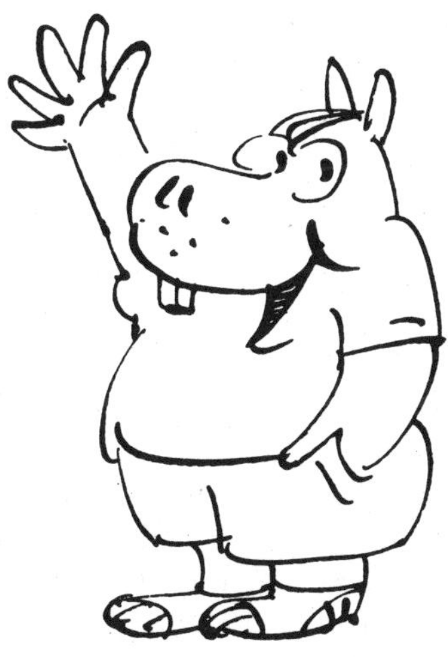

Fischer Taschenbuch Verlag

Veröffentlicht im Fischer Taschenbuch Verlag,
einem Unternehmen der S. Fischer Verlag GmbH,
Frankfurt am Main, September 2009

Gesamtherstellung: CPI – Clausen & Bosse, Leck
Printed in Germany
ISBN 978-3-596-18349-4

Inhalt

SCHNUFFIs
SÄMTLICHE ABENTEUER
6

DER ZEICHNER HAT DAS WORT
143

HOMMAGE AN SCHNUFFI
ROGER WILLEMSEN
154

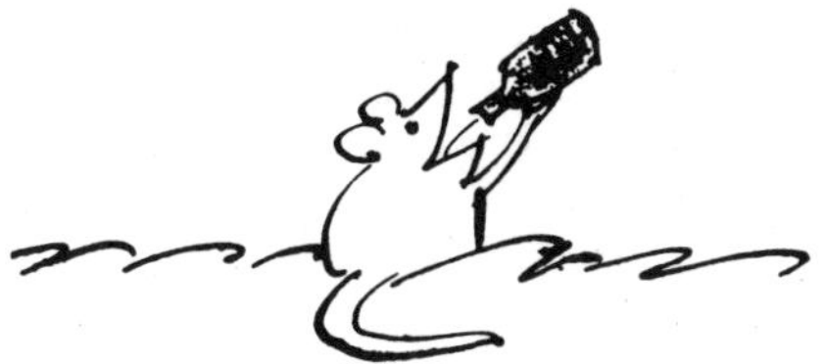

Schnuffi sucht

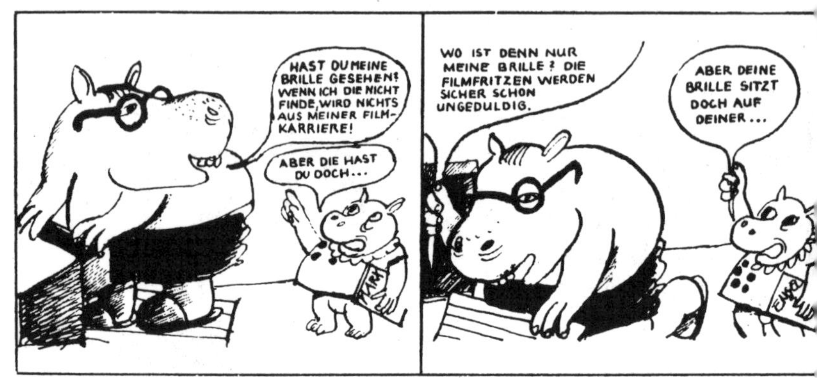

Mahner Schnuffi

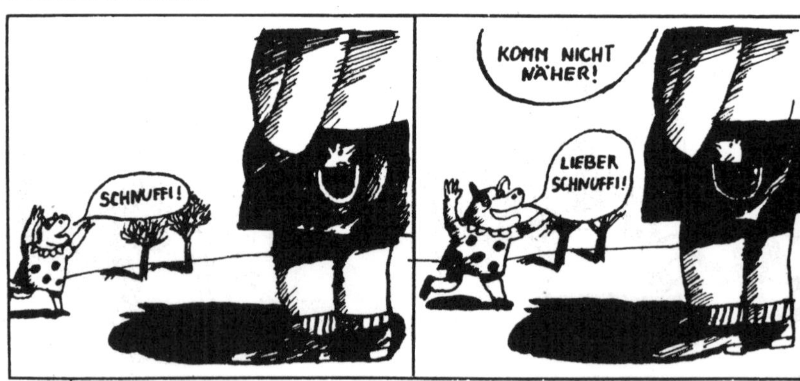

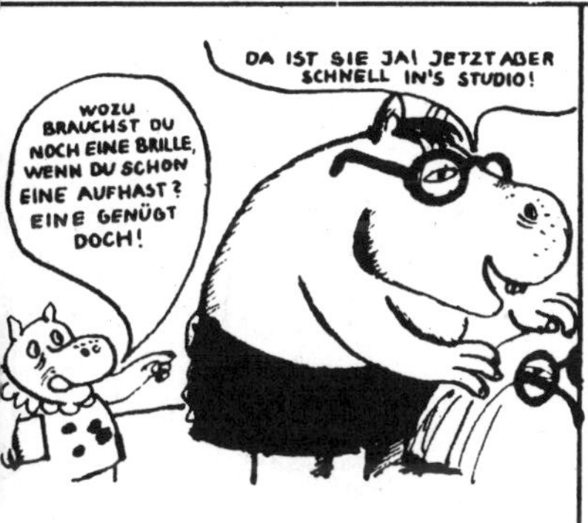
DA IST SIE JA! JETZT ABER SCHNELL IN'S STUDIO!
WOZU BRAUCHST DU NOCH EINE BRILLE, WENN DU SCHON EINE AUFHAST? EINE GENÜGT DOCH!

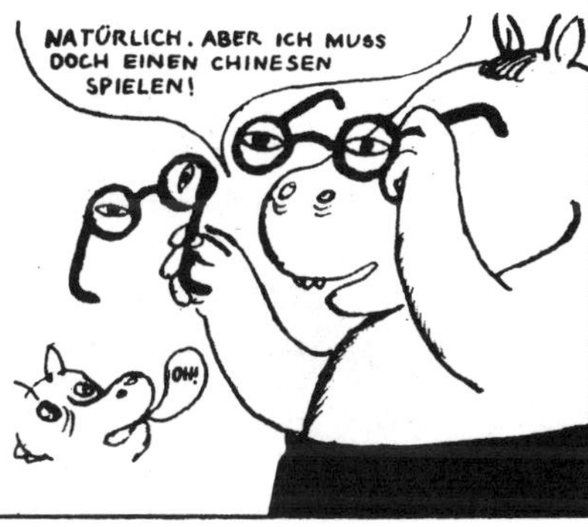
NATÜRLICH. ABER ICH MUSS DOCH EINEN CHINESEN SPIELEN!
OH!

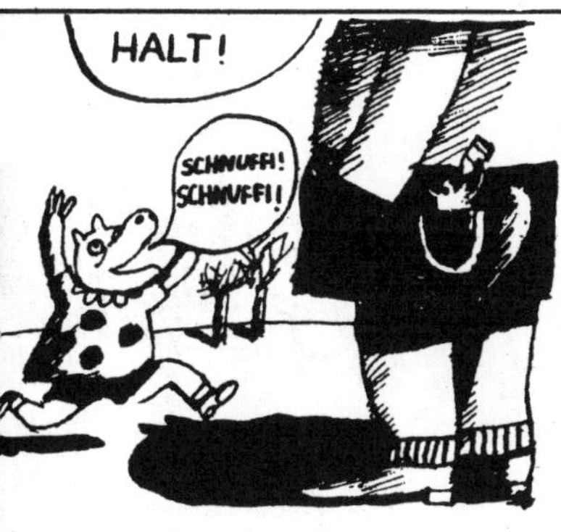
HALT!
SCHNUFFI! SCHNUFFI!

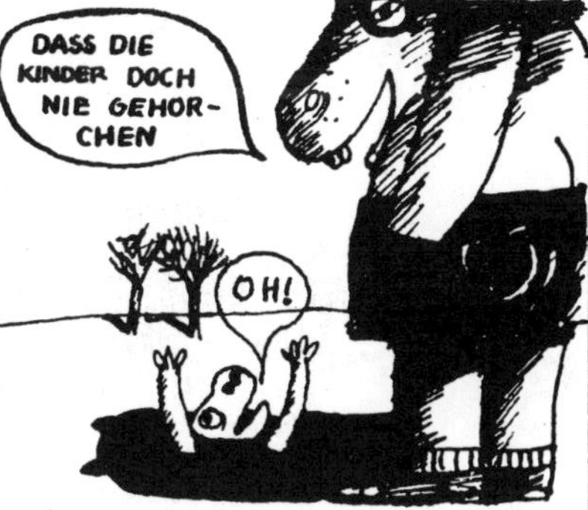
DASS DIE KINDER DOCH NIE GEHOR-CHEN
OH!

Schnuffi packts nicht

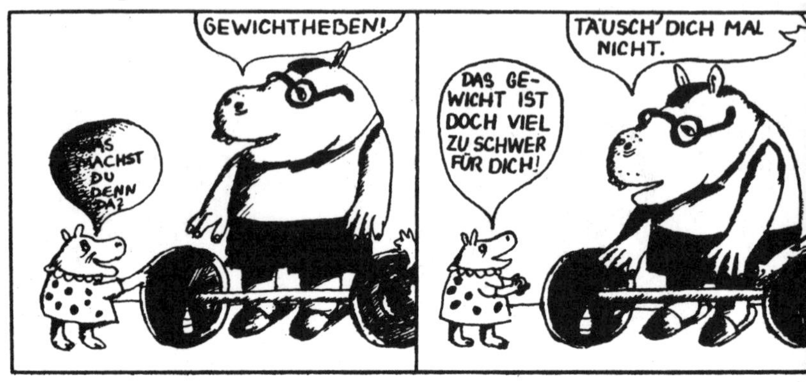

Vertreterbesuch

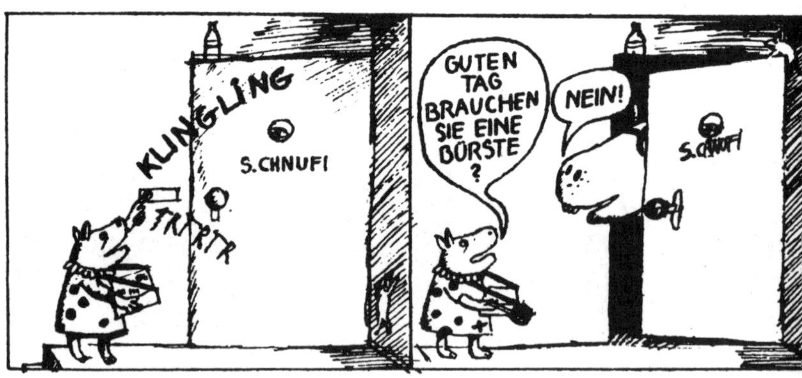

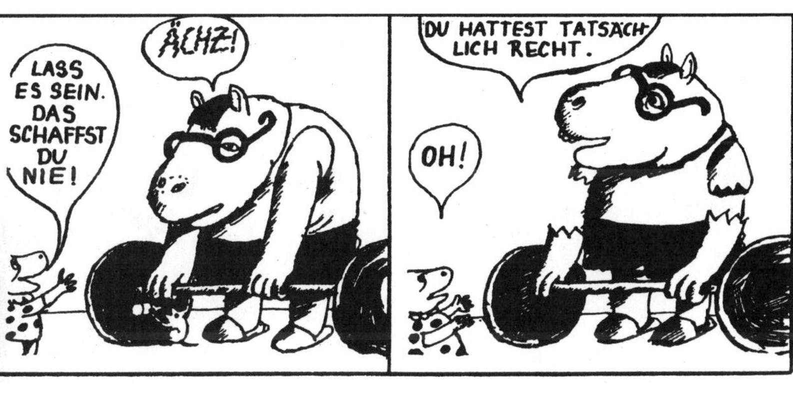
ÄCHZ!
LASS ES SEIN. DAS SCHAFFST DU NIE!
DU HATTEST TATSÄCHLICH RECHT.
OH!

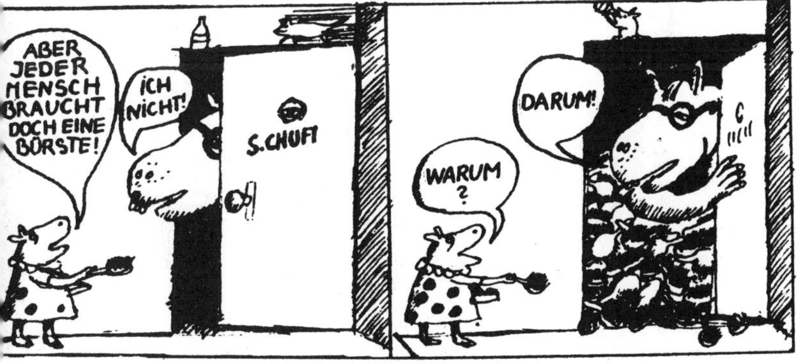
ABER JEDER MENSCH BRAUCHT DOCH EINE BÜRSTE!
ICH NICHT!
S.CHUFI
WARUM?
DARUM!

Schnuffi wandert

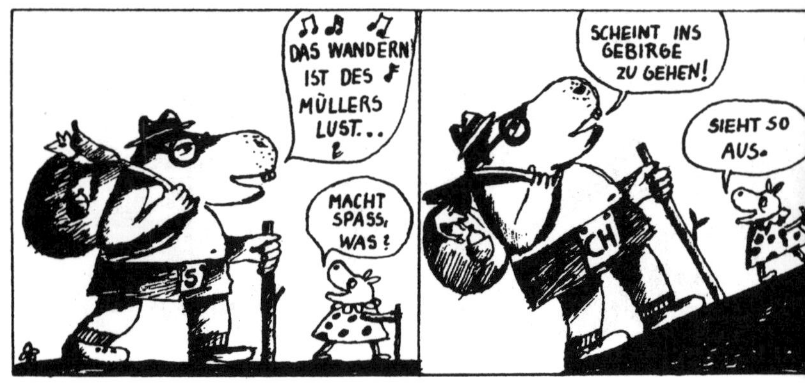

Eingesperrt

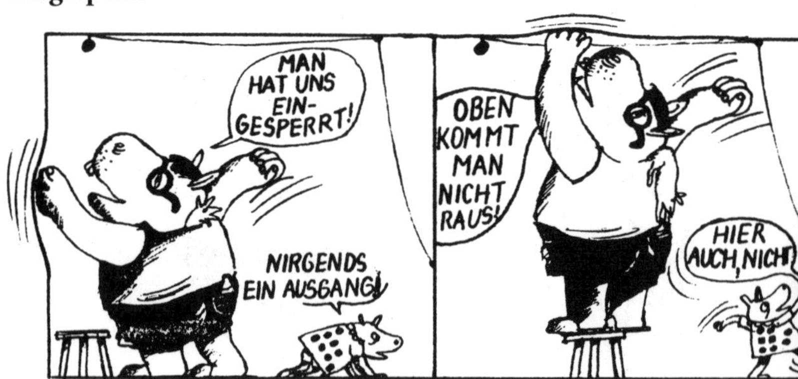

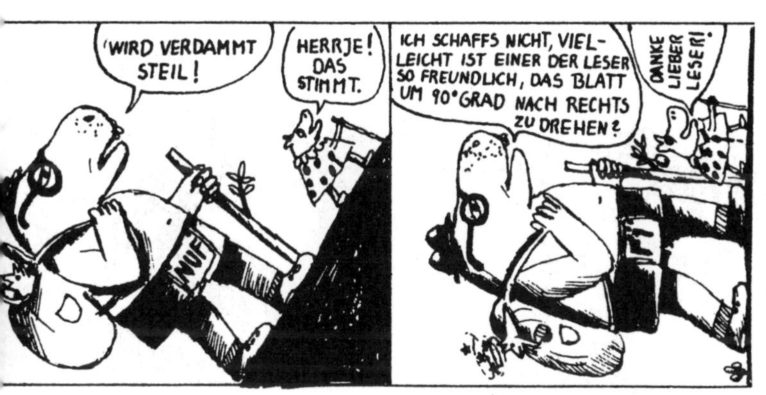
'WIRD VERDAMMT STEIL!
HERRJE! DAS STIMMT.
ICH SCHAFFS NICHT, VIELLEICHT IST EINER DER LESER SO FREUNDLICH, DAS BLATT UM 90°GRAD NACH RECHTS ZU DREHEN?
DANKE LIEBER LESER!

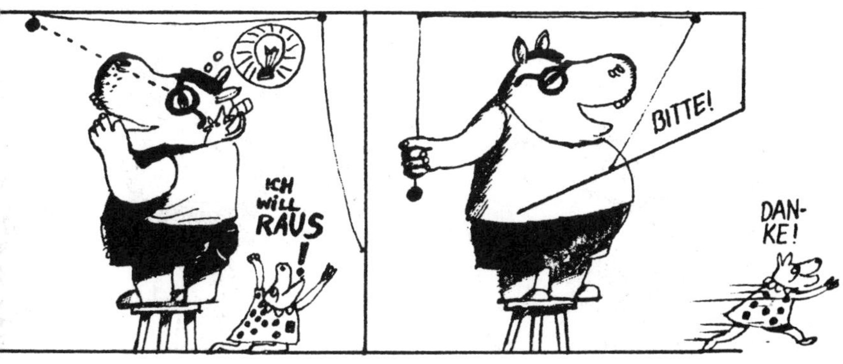
ICH WILL RAUS!
BITTE!
DAN-
KE!

Zöllner Schnuffi

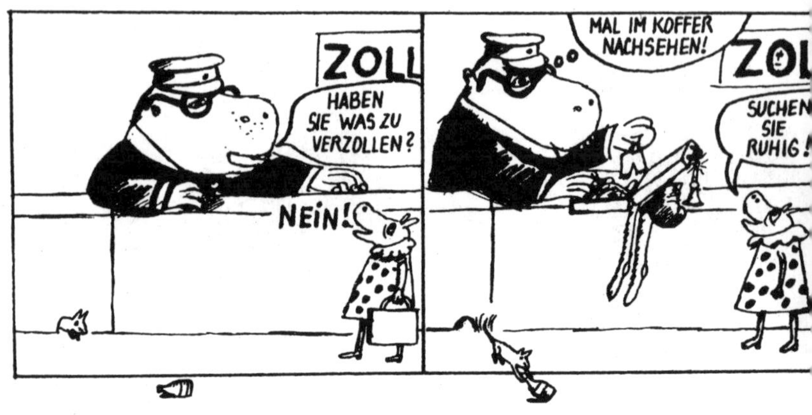

Die Verwandlung

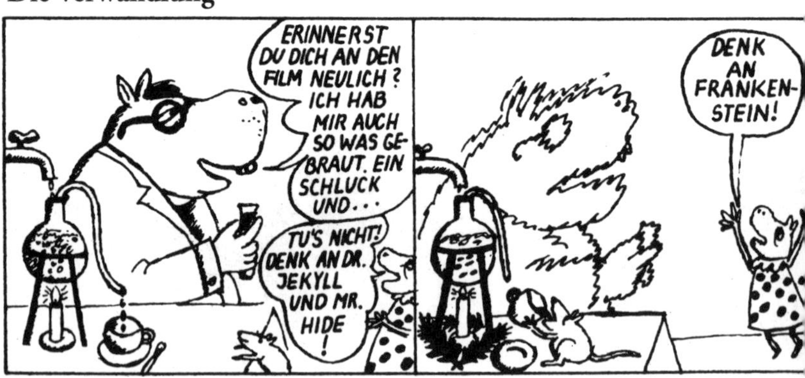

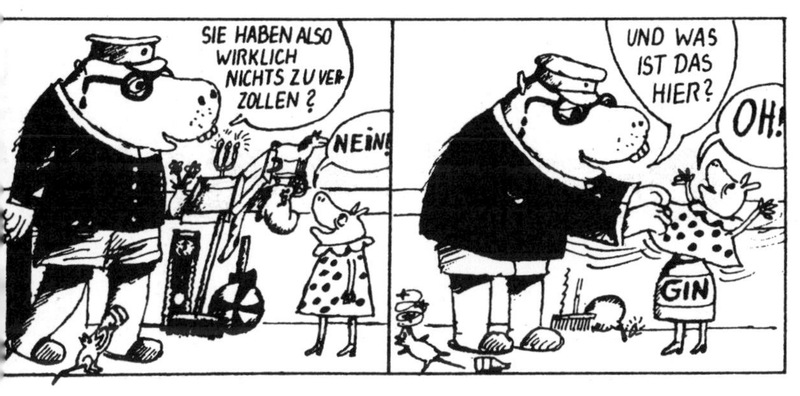
SIE HABEN ALSO WIRKLICH NICHTS ZU VER-ZOLLEN?
NEIN!
UND WAS IST DAS HIER?
OH!
GIN

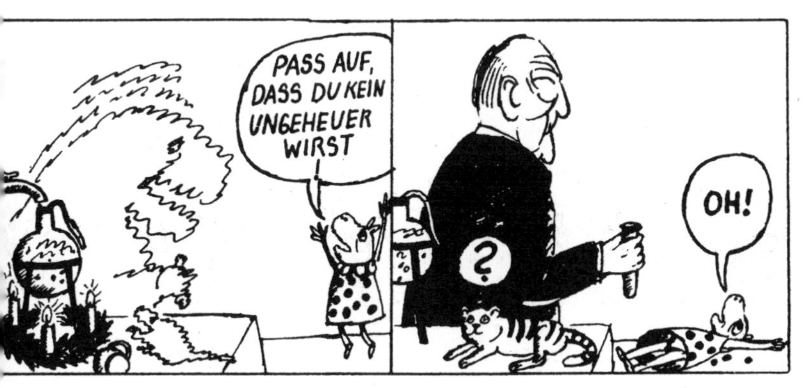
PASS AUF, DASS DU KEIN UNGEHEUER WIRST
?
OH!

Auf der grünen Wiese

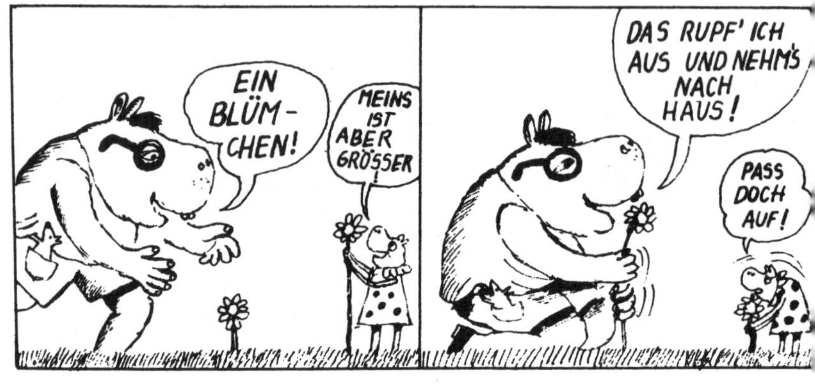

Ein Sonnenaufgang

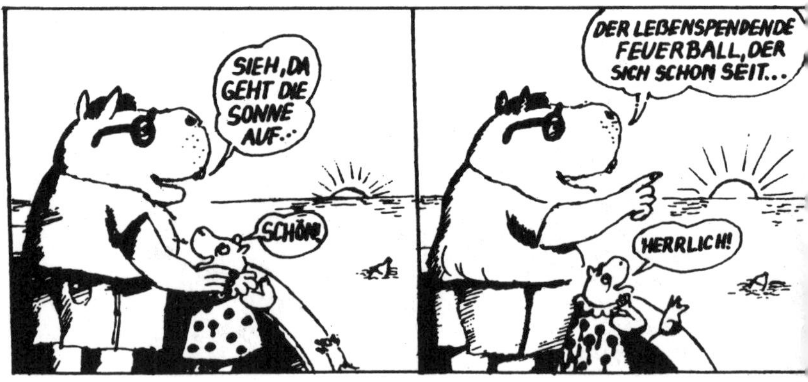

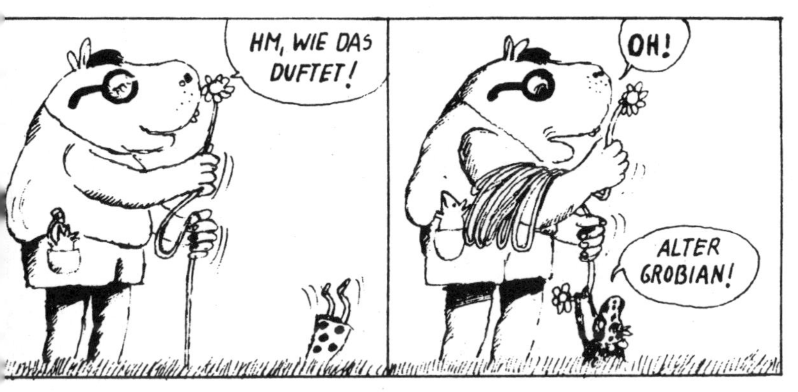
HM, WIE DAS DUFTET!
OH!
ALTER GROBIAN!

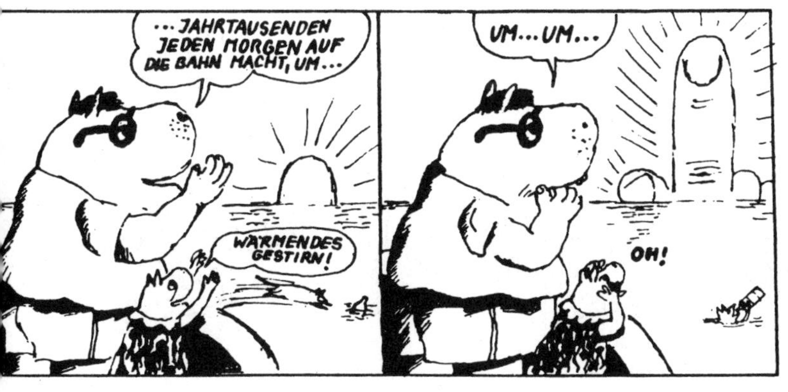
...JAHRTAUSENDEN JEDEN MORGEN AUF DIE BAHN MACHT, UM...
WÄRMENDES GESTIRN!
UM...UM...
OH!

Im Restaurant I

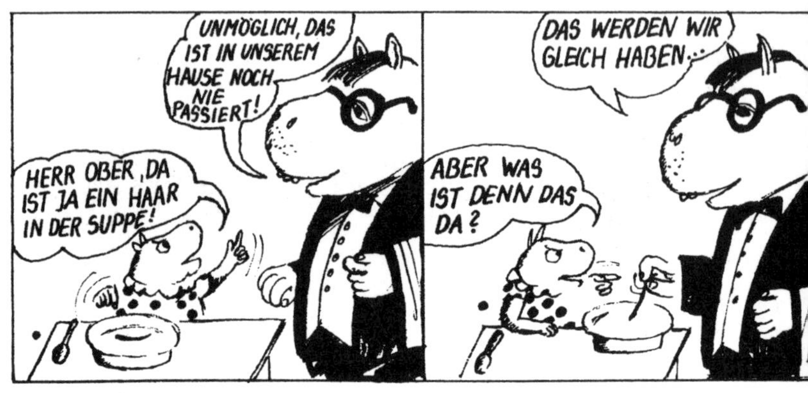

Faust I

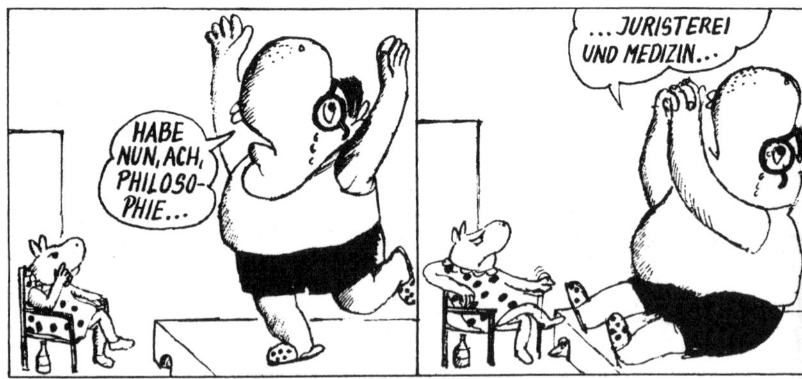

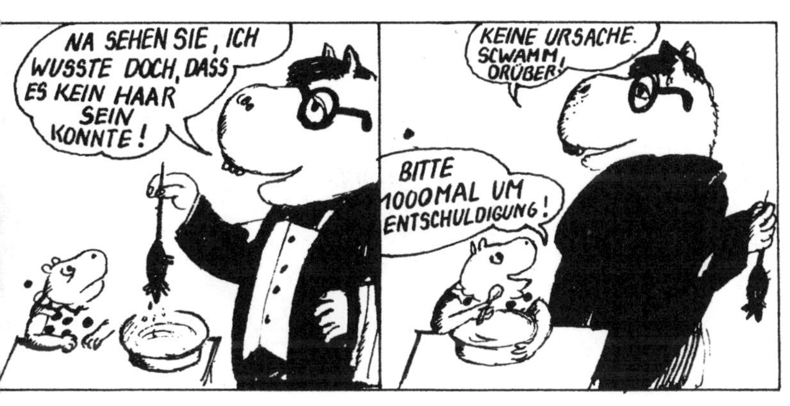
NA SEHEN SIE, ICH WUSSTE DOCH, DASS ES KEIN HAAR SEIN KONNTE!
BITTE 1000MAL UM ENTSCHULDIGUNG!
KEINE URSACHE. SCWAMM DRÜBER!

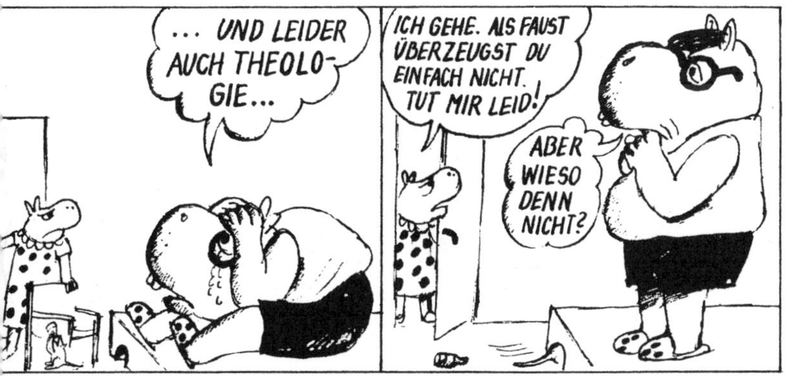
... UND LEIDER AUCH THEOLO-GIE...
ICH GEHE. ALS FAUST ÜBERZEUGST DU EINFACH NICHT. TUT MIR LEID!
ABER WIESO DENN NICHT?

Ein Inselwitz

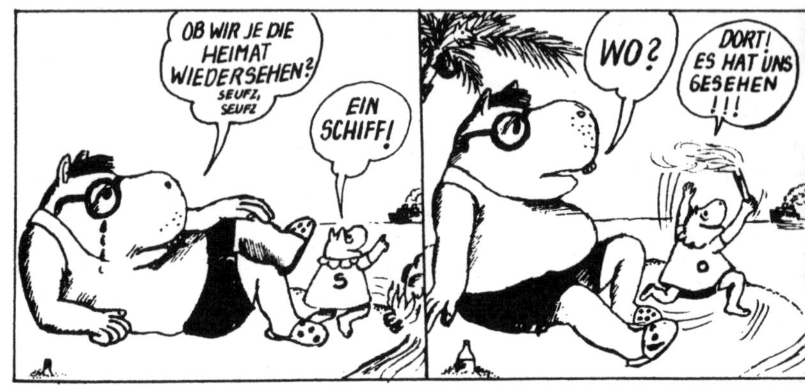

Schnuffi boxt

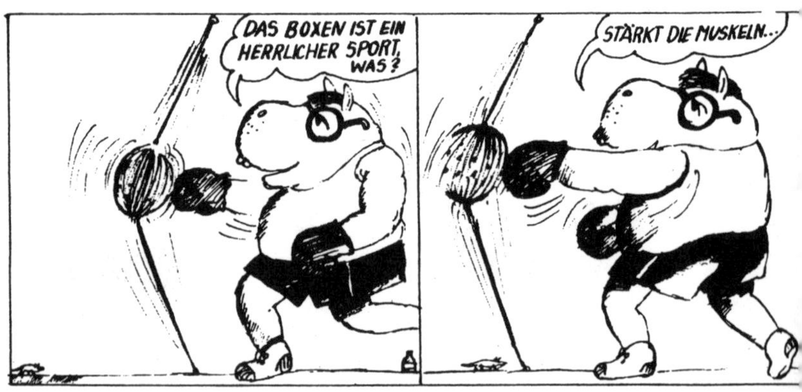

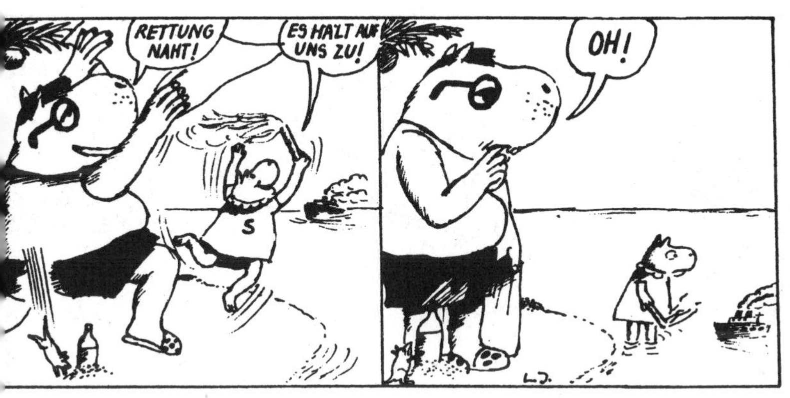
RETTUNG NAHT!
ES HÄLT AUF UNS ZU!
OH!

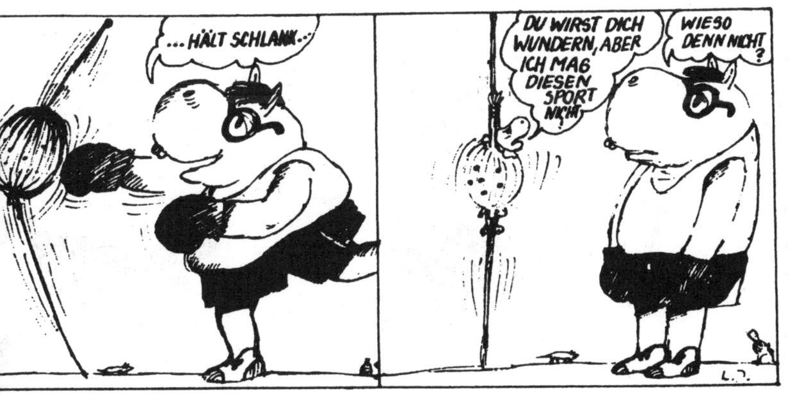
...HÄLT SCHLANK...
DU WIRST DICH WUNDERN, ABER ICH MAG DIESEN SPORT NICHT
WIESO DENN NICHT?

Schnuffi bringts nicht

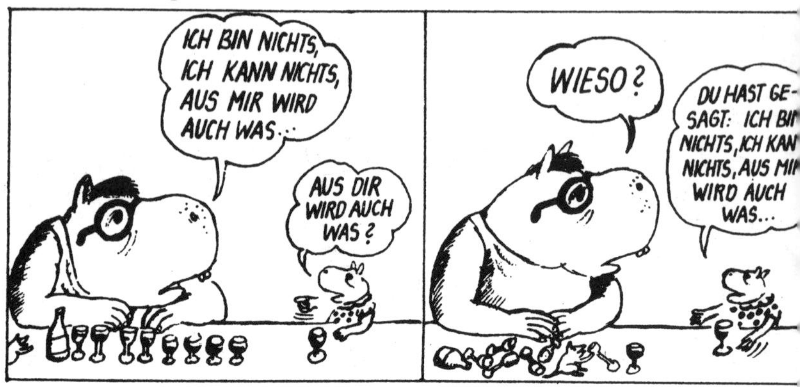

Schnuffi staunt

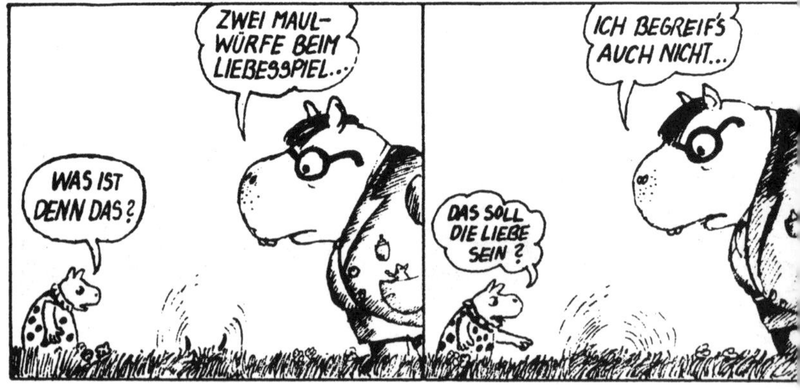

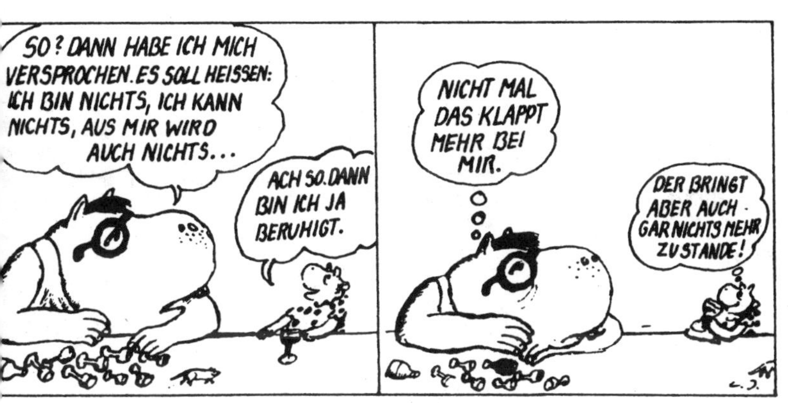

SO? DANN HABE ICH MICH VERSPROCHEN. ES SOLL HEISSEN: ICH BIN NICHTS, ICH KANN NICHTS, AUS MIR WIRD AUCH NICHTS...
ACH SO. DANN BIN ICH JA BERUHIGT.
NICHT MAL DAS KLAPPT MEHR BEI MIR.
DER BRINGT ABER AUCH GAR NICHTS MEHR ZUSTANDE!

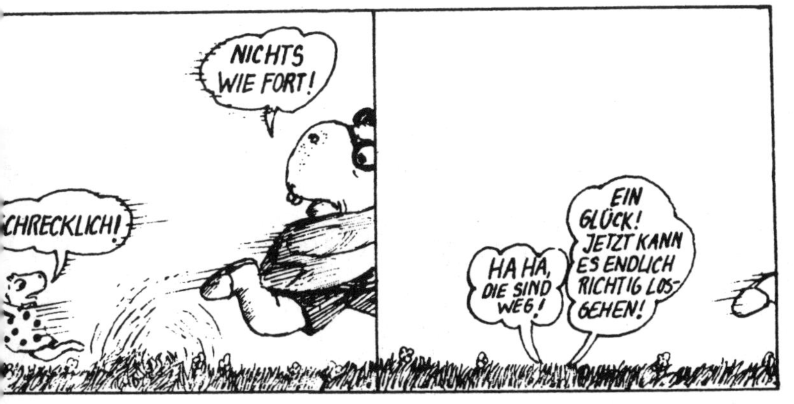

CHRECKLICH!
NICHTS WIE FORT!
HA HA, DIE SIND WEG!
EIN GLÜCK! JETZT KANN ES ENDLICH RICHTIG LOSGEHEN!

Bettler Schnuffi

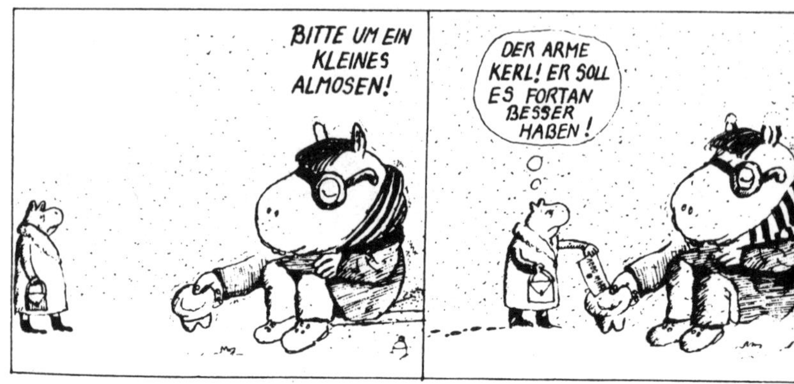

Stimmungskanone Schnuffi

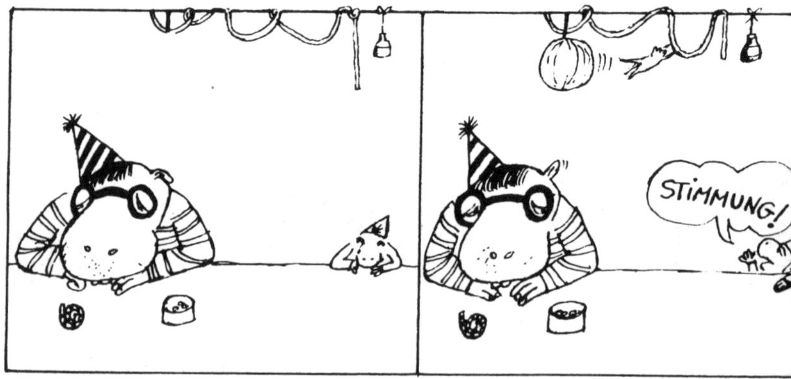

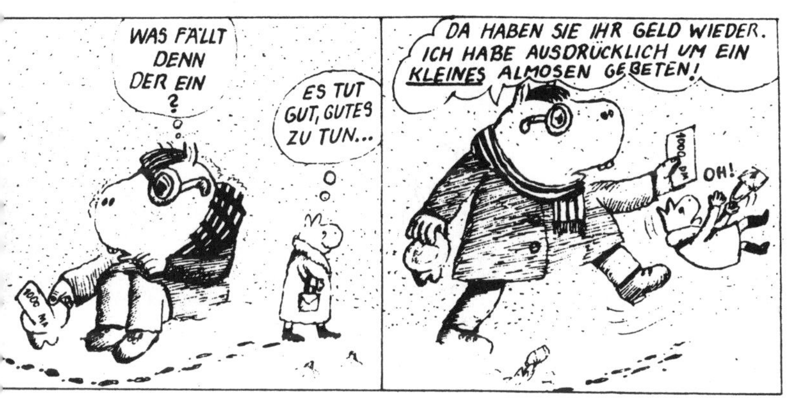
WAS FÄLLT DENN DER EIN ?
ES TUT GUT, GUTES ZU TUN...
1000 MA
DA HABEN SIE IHR GELD WIEDER. ICH HABE AUSDRÜCKLICH UM EIN KLEINES ALMOSEN GEBETEN!
1000 DM
OH!

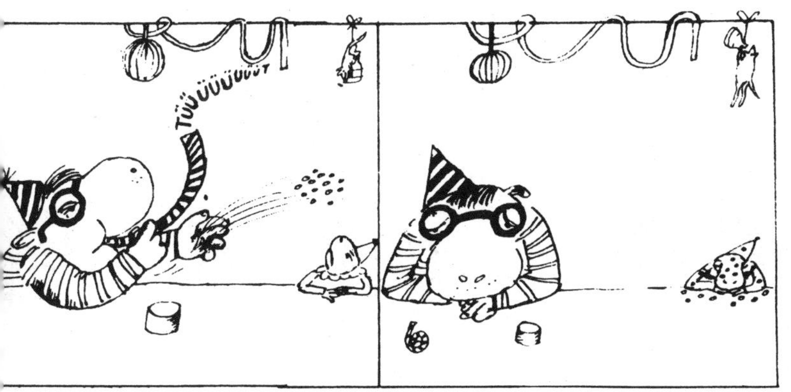
TÜÜÜÜÜÜÜT

Schöpfer Schnuffi

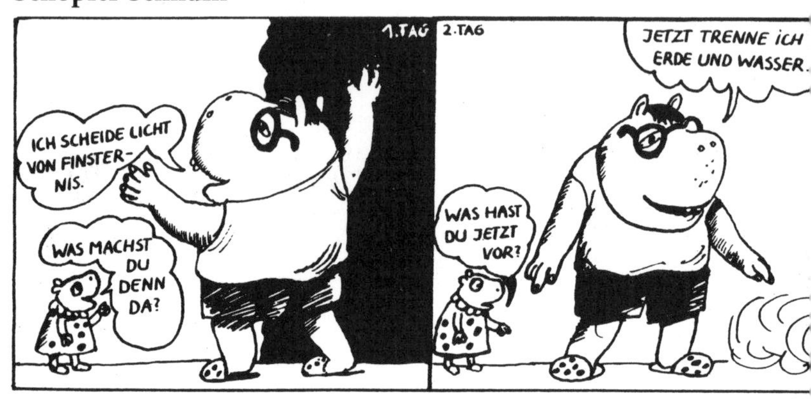

Blinde Kuh

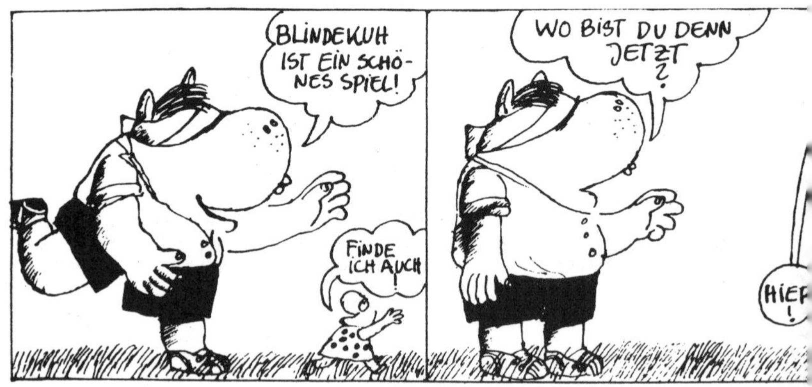

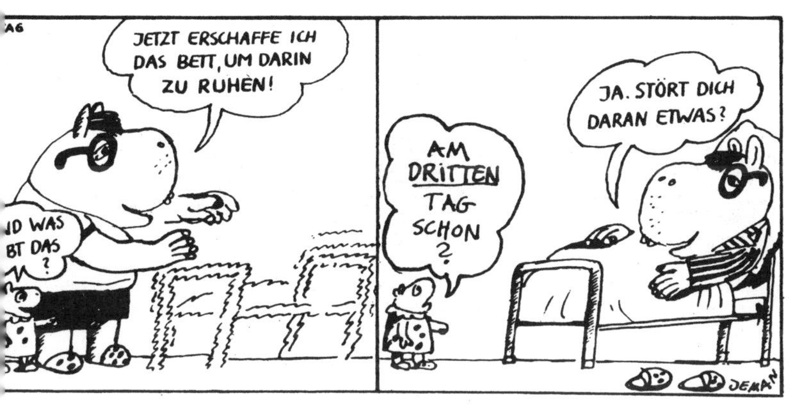
JETZT ERSCHAFFE ICH DAS BETT, UM DARIN ZU RUHEN!
D WAS
BT DAS ?
AM DRITTEN TAG SCHON ?
JA. STÖRT DICH DARAN ETWAS?

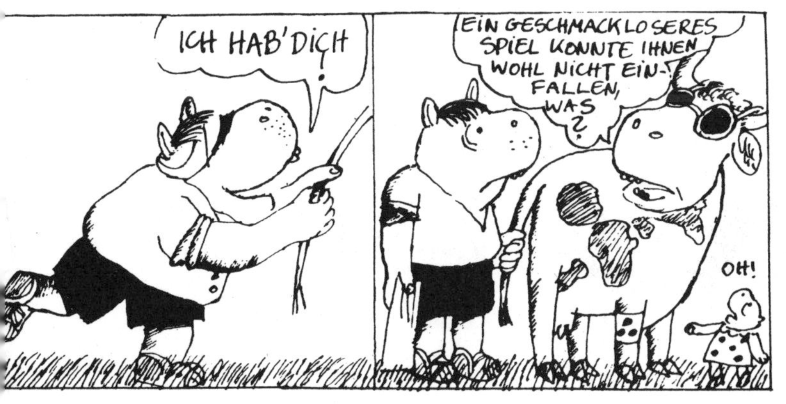
ICH HAB' DICH !
EIN GESCHMACKLOSERES SPIEL KONNTE IHNEN WOHL NICHT EIN-FALLEN, WAS ?
OH!

Schnuffi sprintet

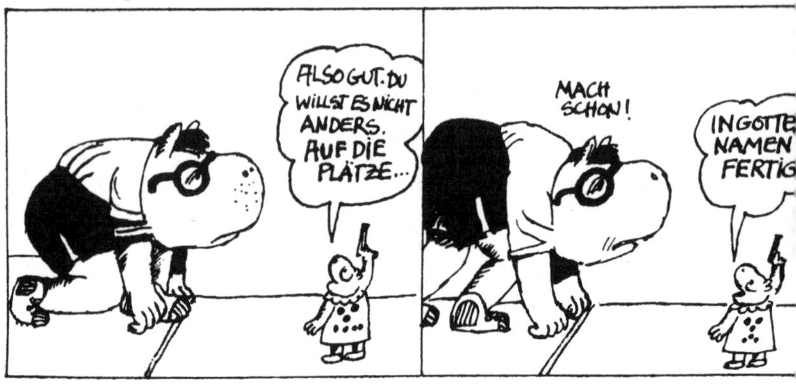

Auf Leben und Tod

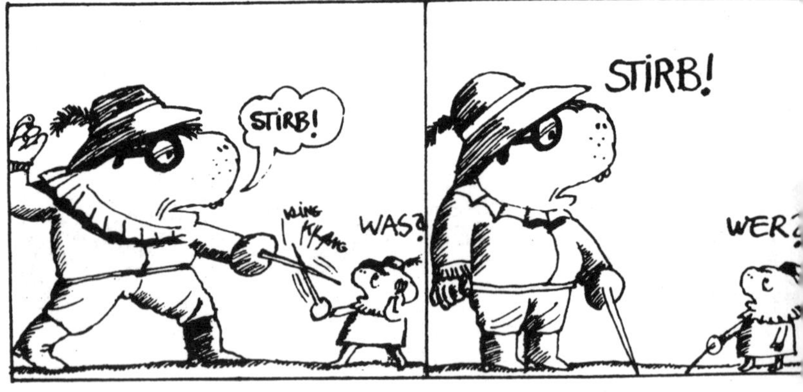

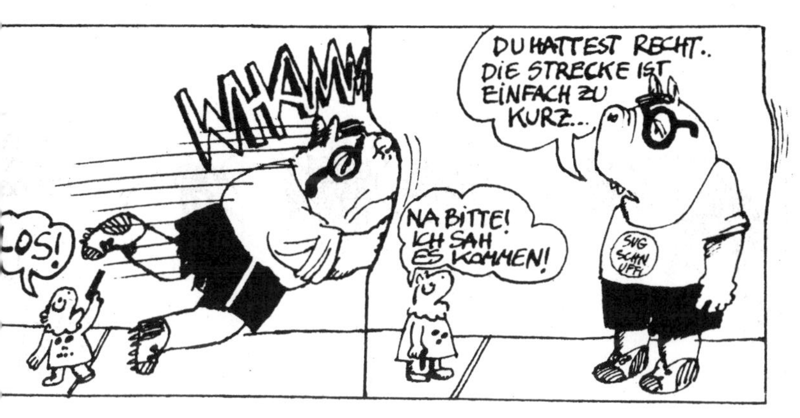
LOS!
WHAMM
NA BITTE! ICH SAH ES KOMMEN!
DU HATTEST RECHT.. DIE STRECKE IST EINFACH ZU KURZ...
SVG SCHNUFFI

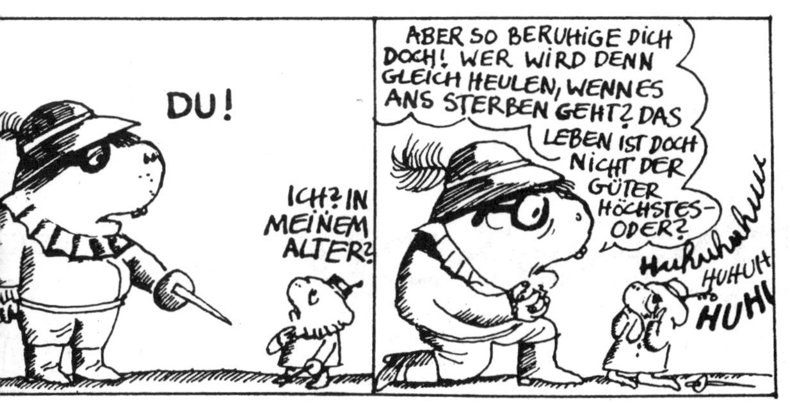
DU!
ICH? IN MEINEM ALTER?
ABER SO BERUHIGE DICH DOCH! WER WIRD DENN GLEICH HEULEN, WENN ES ANS STERBEN GEHT? DAS LEBEN IST DOCH NICHT DER GÜTER HÖCHSTES - ODER?
HUHUH
HUH

Der Spiegel

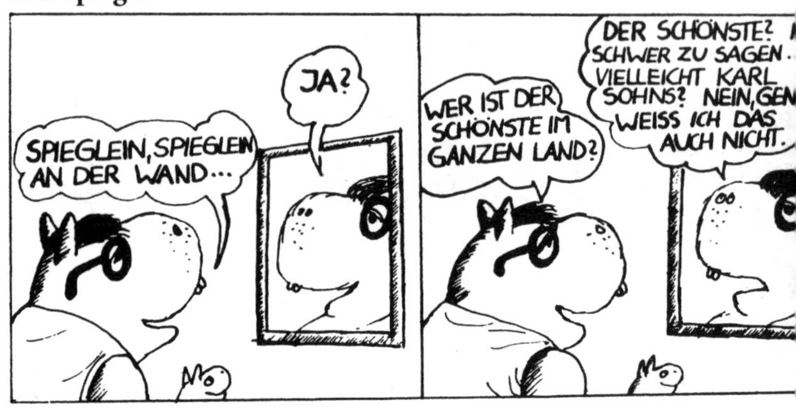

So ein Schweinigel!

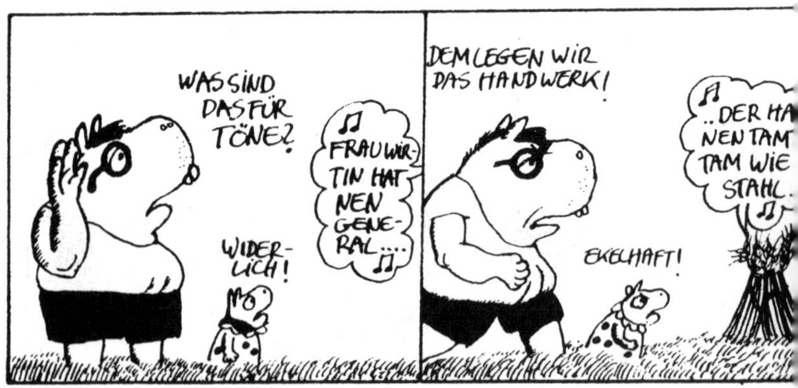

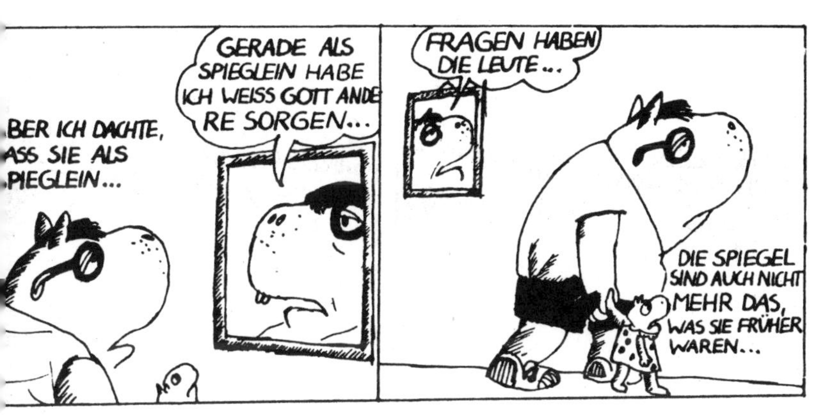
BER ICH DACHTE,
ASS SIE ALS
PIEGLEIN...
GERADE ALS SPIEGLEIN HABE ICH WEISS GOTT ANDE RE SORGEN...
FRAGEN HABEN DIE LEUTE...
DIE SPIEGEL SIND AUCH NICHT MEHR DAS, WAS SIE FRÜHER WAREN...

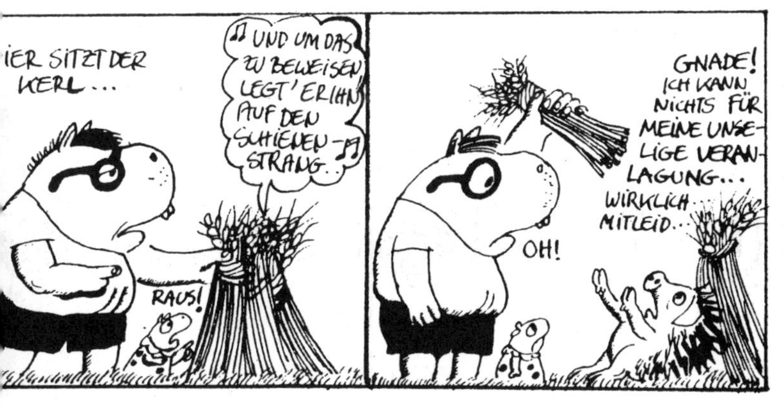
IER SITZT DER KERL...
♫ UND UM DAS ZU BEWEISEN LEGT' ER IHN AUF DEN SCHIENEN-STRANG... ♫
RAUS!
GNADE! ICH KANN NICHTS FÜR MEINE UNSE-LIGE VERAN-LAGUNG...
WIRKLICH...
MITLEID...
OH!

Fälscher Schnuffi

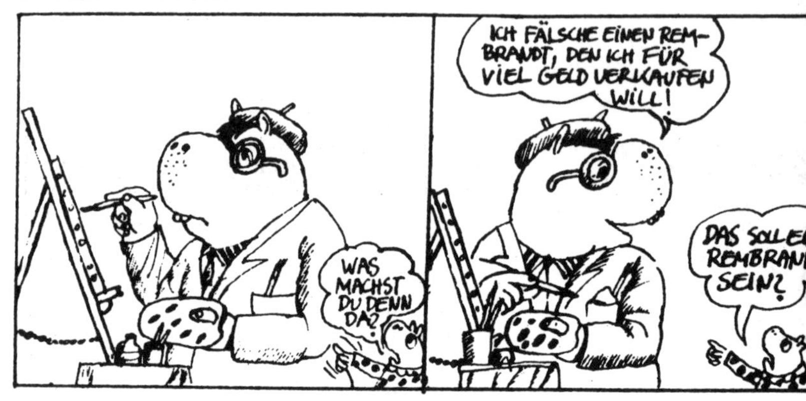

Schnuffi spottet

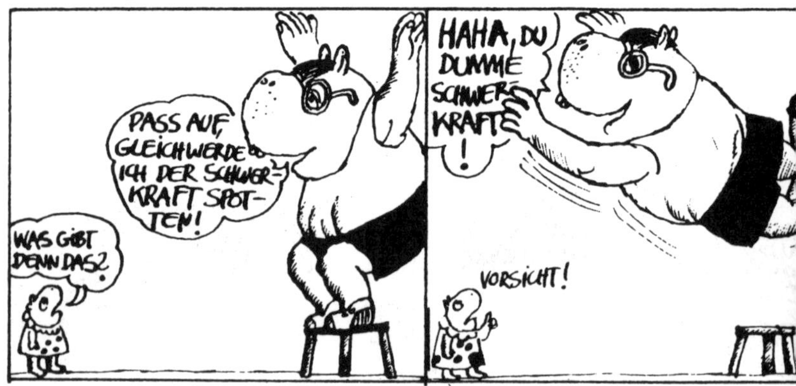

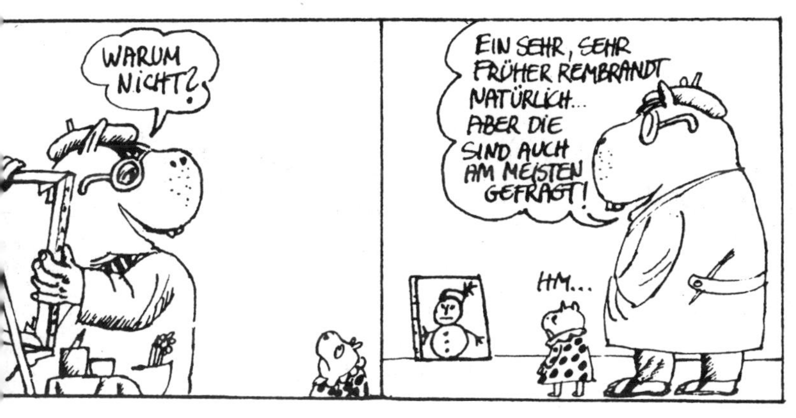
WARUM NICHT?
EIN SEHR, SEHR FRÜHER REMBRANDT NATÜRLICH... ABER DIE SIND AUCH AM MEISTEN GEFRAGT!
HM...

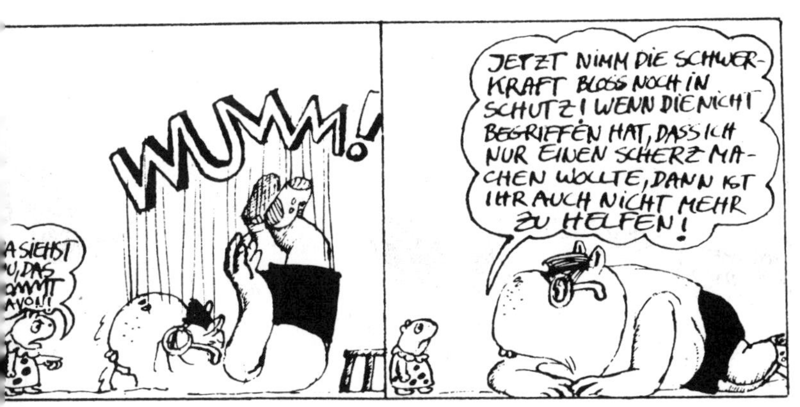
WUMM!
A SIEHST U, DAS OMMT AVON!!
JETZT NIMM DIE SCHWERKRAFT BLOSS NOCH IN SCHUTZ! WENN DIE NICHT BEGRIFFEN HAT, DASS ICH NUR EINEN SCHERZ MACHEN WOLLTE, DANN IST IHR AUCH NICHT MEHR ZU HELFEN!

Das Gesetz des Lebens

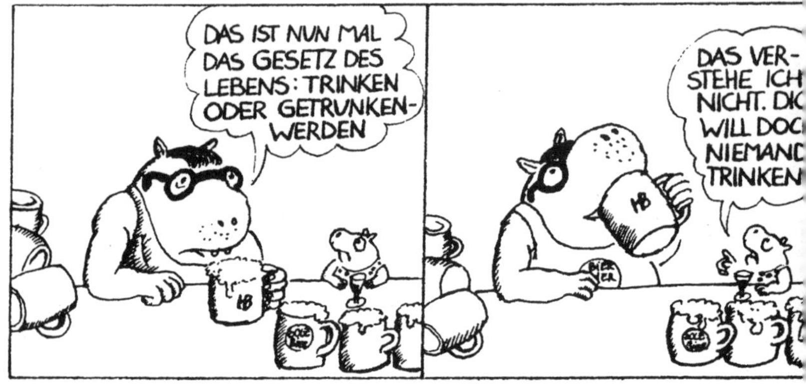

Advent, Advent

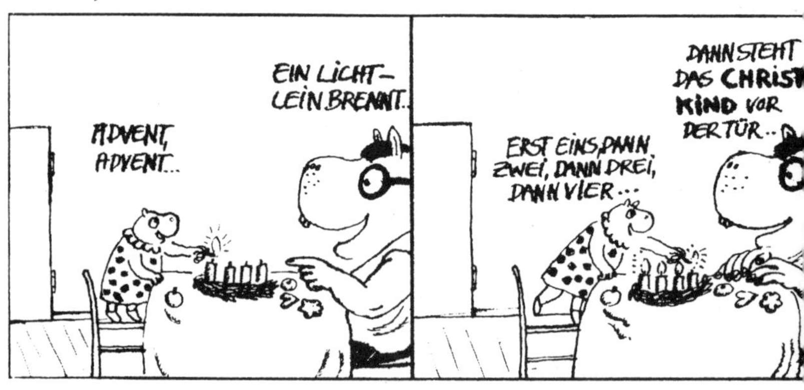

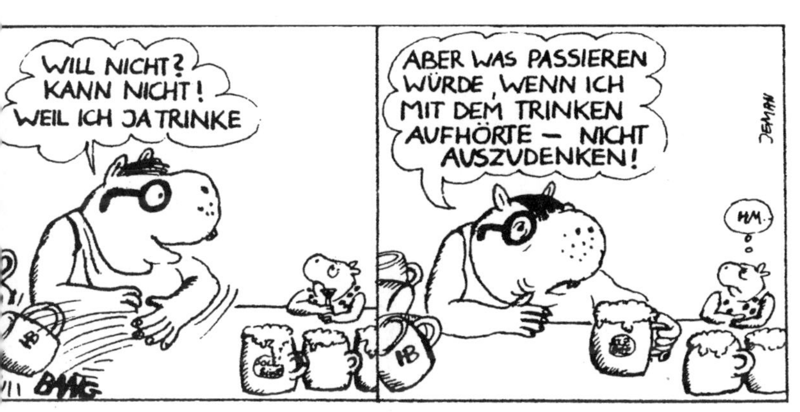
WILL NICHT? KANN NICHT! WEIL ICH JA TRINKE
BANG
ABER WAS PASSIEREN WÜRDE, WENN ICH MIT DEM TRINKEN AUFHÖRTE – NICHT AUSZUDENKEN!
HM.
DEMAN

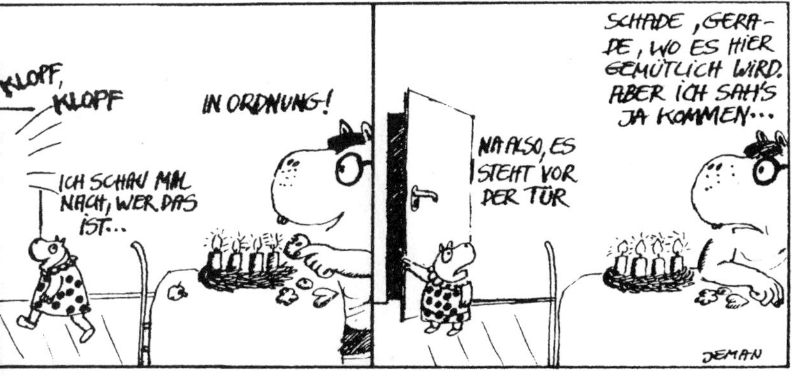
KLOPF, KLOPF
IN ORDNUNG!
ICH SCHAU MAL NACH, WER DAS IST...
NA ALSO, ES STEHT VOR DER TÜR
SCHADE, GERADE, WO ES HIER GEMÜTLICH WIRD. ABER ICH SAH'S JA KOMMEN...
DEMAN

Das Sesam

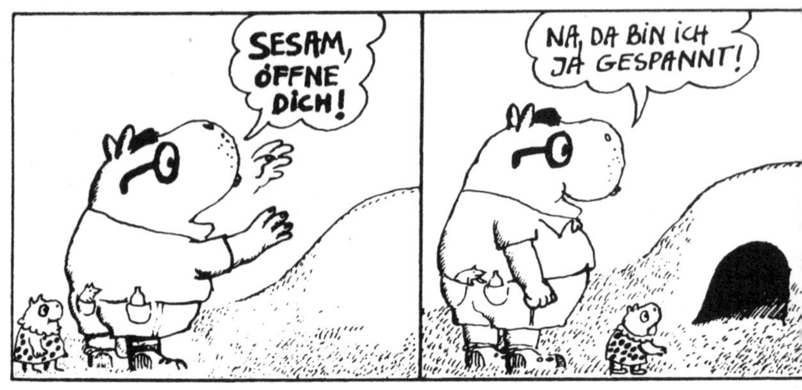

Schnuffi badet

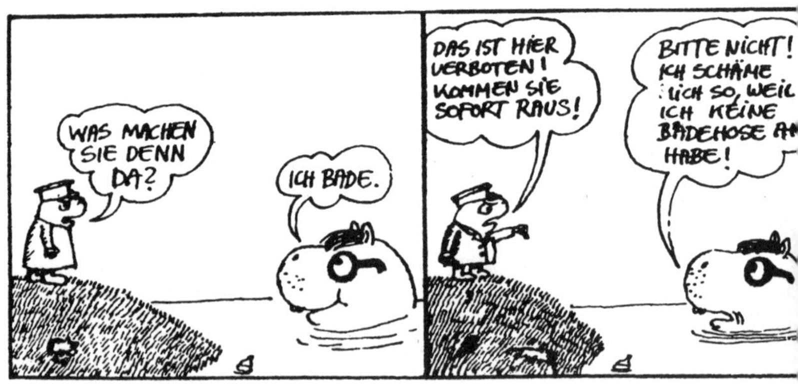

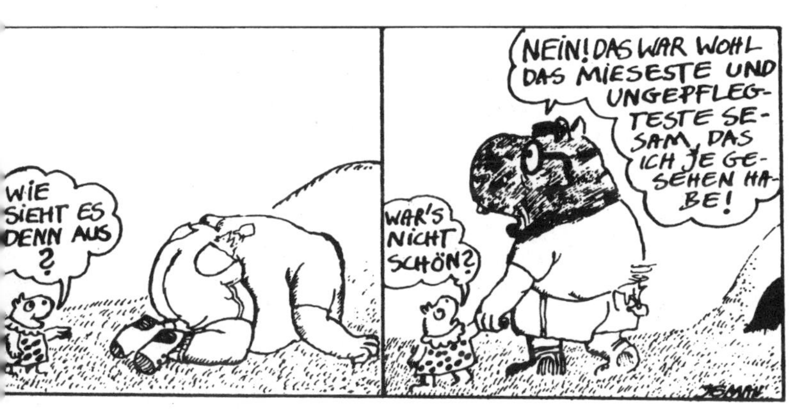
WIE SIEHT ES DENN AUS ?
WAR'S NICHT SCHÖN?
NEIN! DAS WAR WOHL DAS MIESESTE UND UNGEPFLEGTESTE SESAM, DAS ICH JE GESEHEN HABE!

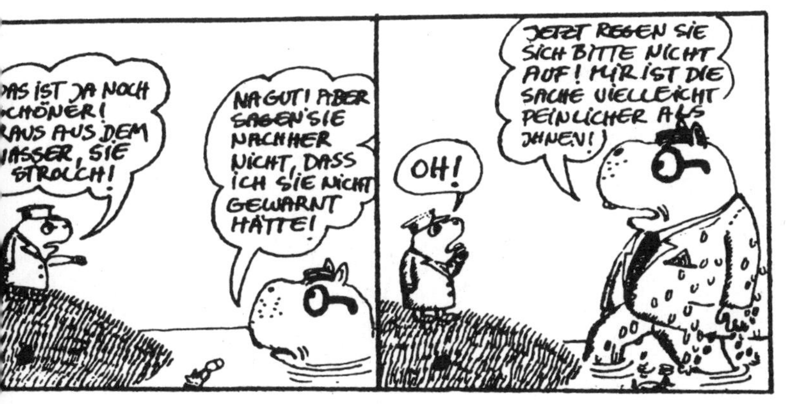
AS IST JA NOCH CHÖNER! RAUS AUS DEM ASSER, SIE STROLCH!
NA GUT! ABER SAGEN SIE NACHHER NICHT, DASS ICH SIE NICHT GEWARNT HÄTTE!
OH!
JETZT REGEN SIE SICH BITTE NICHT AUF! MIR IST DIE SACHE VIELLEICHT PEINLICHER ALS IHNEN!

Der Fluch

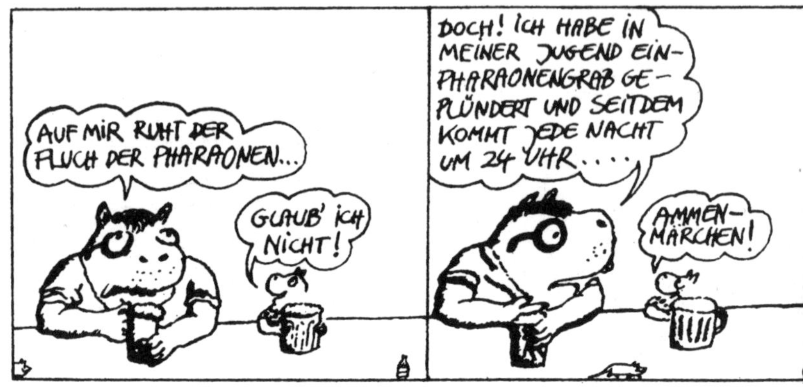

Des Rätsels Lösung

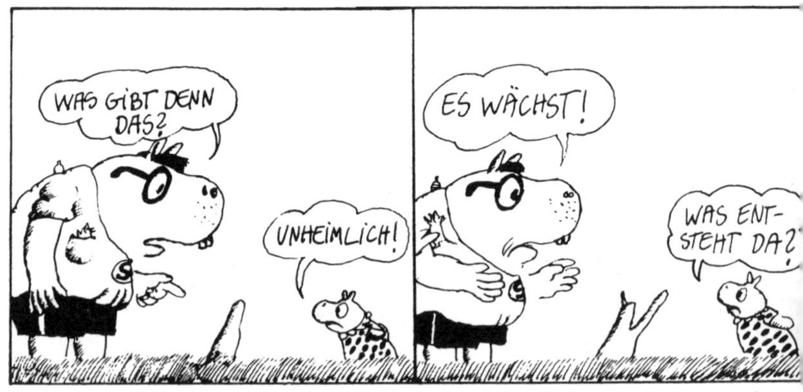

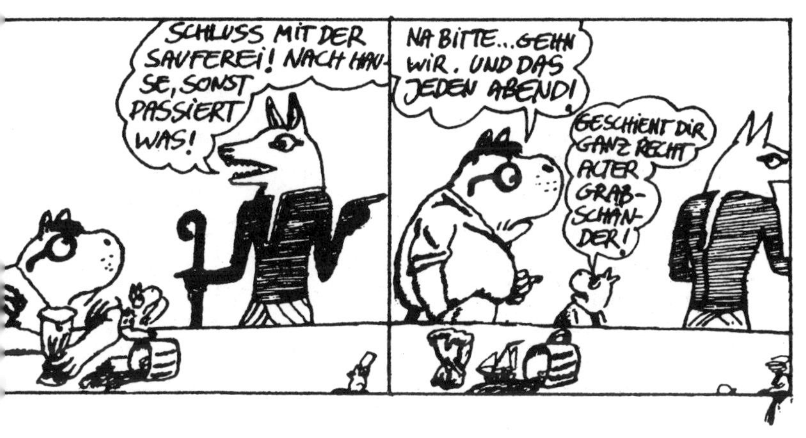
SCHLUSS MIT DER SAUFEREI! NACH HAU-SE, SONST PASSIERT WAS!
NA BITTE... GEHN WIR. UND DAS JEDEN ABEND!
GESCHIENT DIR GANZ RECHT ALTER GRAB-SCHÄN-DER!

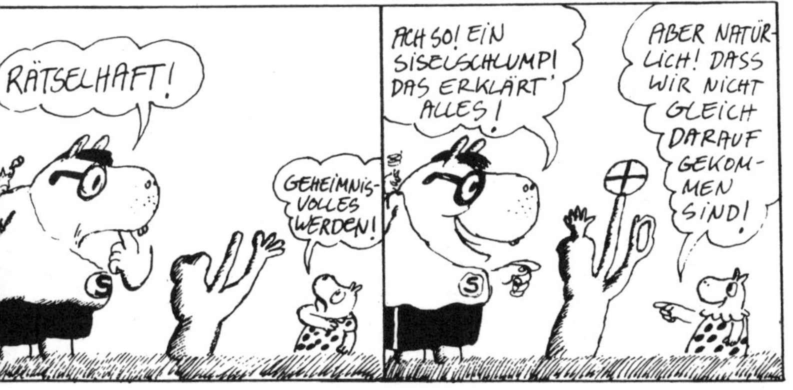
RÄTSELHAFT!
GEHEIMNIS-VOLLES WERDEN!
ACH SO! EIN SISELSCHLUMP! DAS ERKLÄRT ALLES!
ABER NATÜR-LICH! DASS WIR NICHT GLEICH DARAUF GEKOM-MEN SIND!

Weisheit des Ostens

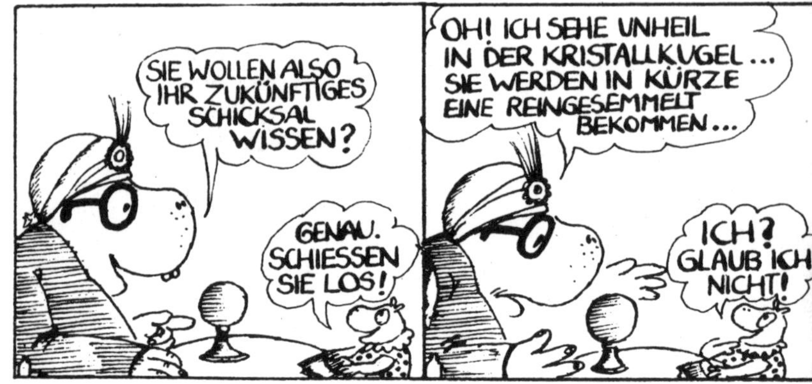

Quo vadis, Schnuffi?

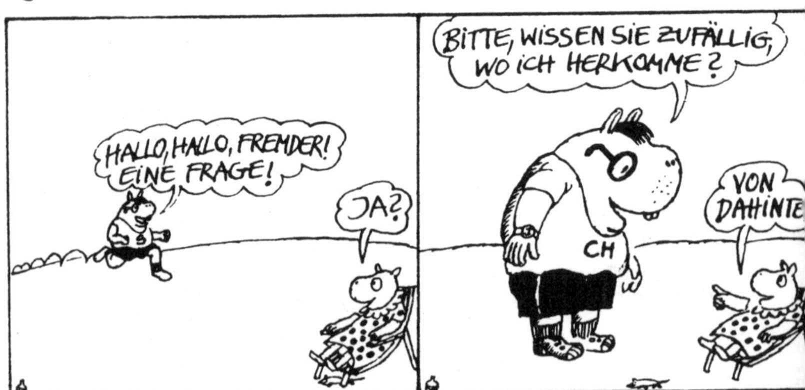

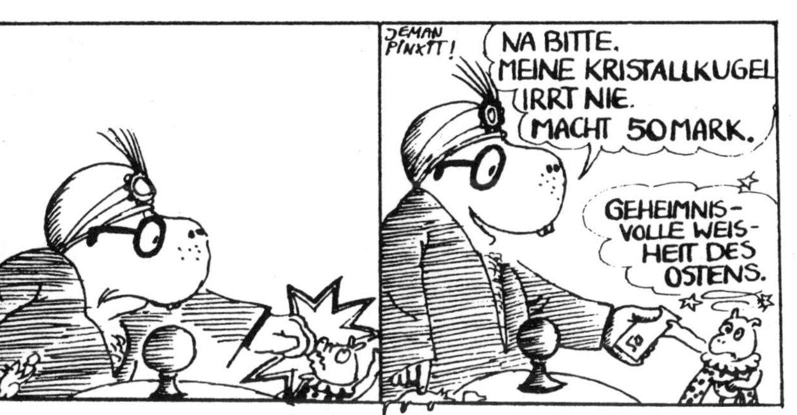
JEMAN PINXTT!
NA BITTE. MEINE KRISTALLKUGEL IRRT NIE. MACHT 50 MARK.
GEHEIMNIS-VOLLE WEIS-HEIT DES OSTENS.

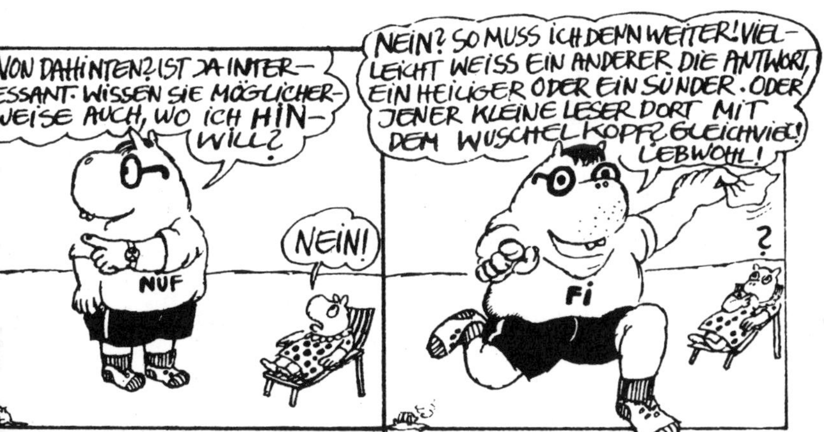
VON DAHINTEN? IST JA INTER-ESSANT. WISSEN SIE MÖGLICHER-EISE AUCH, WO ICH HIN-WILL?
NUF
NEIN!
NEIN? SO MUSS ICH DENN WEITER! VIEL-LEICHT WEISS EIN ANDERER DIE ANTWORT, EIN HEILIGER ODER EIN SÜNDER. ODER JENER KLEINE LESER DORT MIT DEM WUSCHELKOPF? GLEICHVIEL! LEBWOHL!
Fi
?

Eine Flugkatastrophe

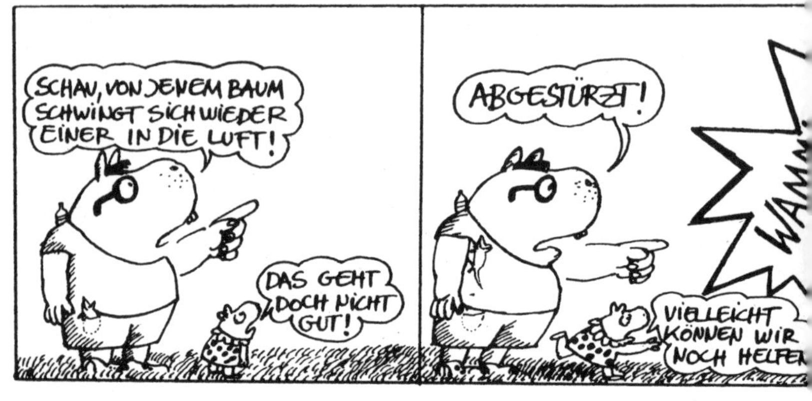

Professor Schnuffi

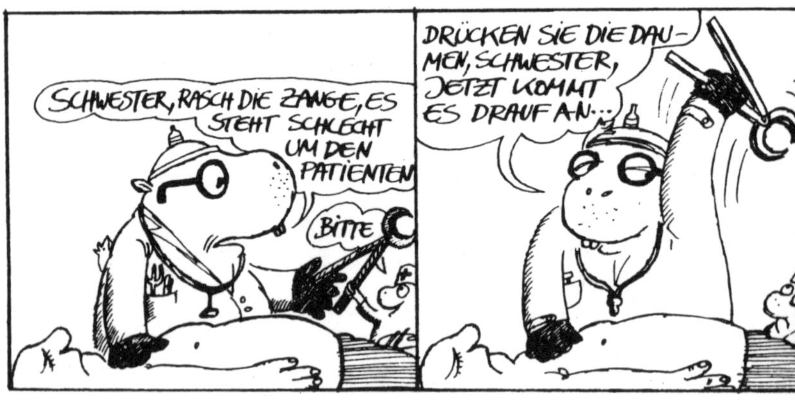

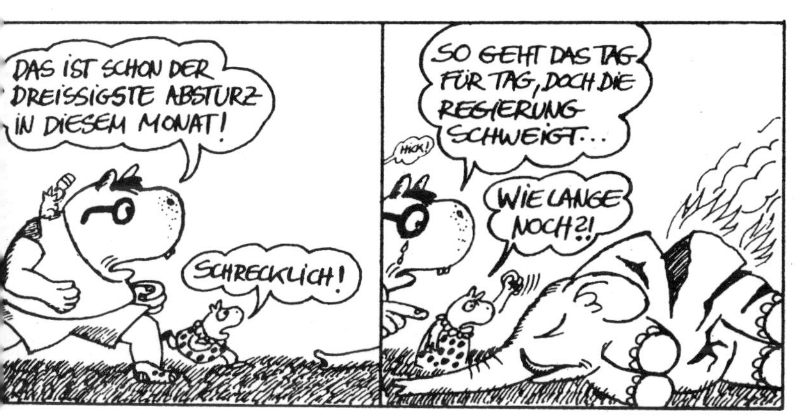
DAS IST SCHON DER DREISSIGSTE ABSTURZ IN DIESEM MONAT!
SCHRECKLICH!
SO GEHT DAS TAG FÜR TAG, DOCH DIE REGIERUNG SCHWEIGT…
HICK!
WIE LANGE NOCH?!

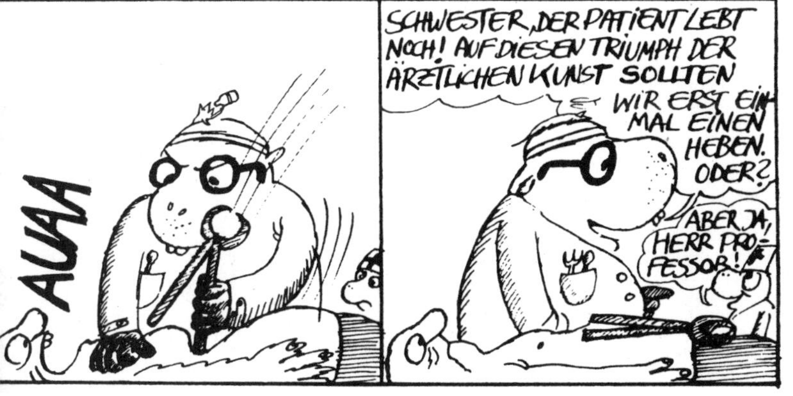
AUAA
SCHWESTER, DER PATIENT LEBT NOCH! AUF DIESEN TRIUMPH DER ÄRZTLICHEN KUNST SOLLTEN WIR ERST EINMAL EINEN HEBEN. ODER?
ABER JA, HERR PROFESSOR!

Die Fahrprüfung

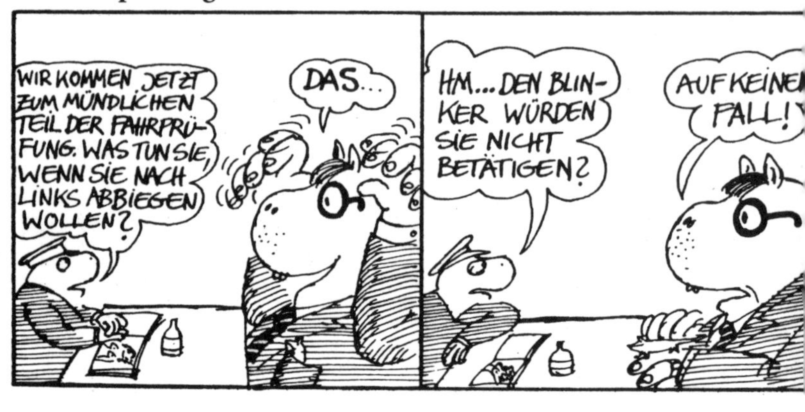

Versager Schnuffi

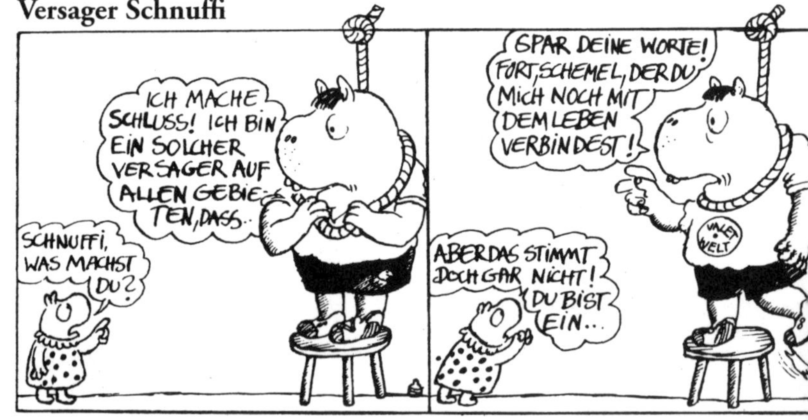

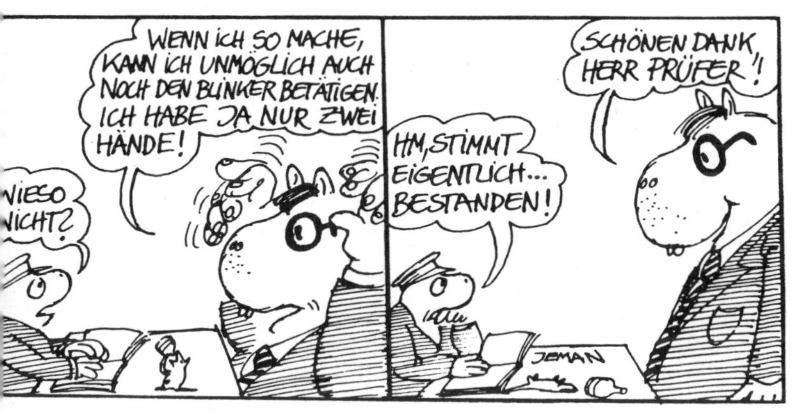
WIESO NICHT?
WENN ICH SO MACHE, KANN ICH UNMÖGLICH AUCH NOCH DEN BLINKER BETÄTIGEN. ICH HABE JA NUR ZWEI HÄNDE!
HM, STIMMT EIGENTLICH... BESTANDEN!
SCHÖNEN DANK, HERR PRÜFER!
JEMAN

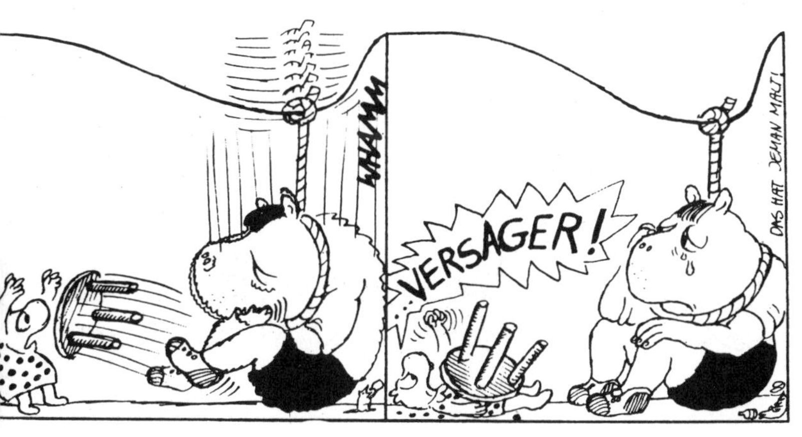
WHAMM
VERSAGER!
DAS HAT JEMAN MALT!

Zuviel des Guten

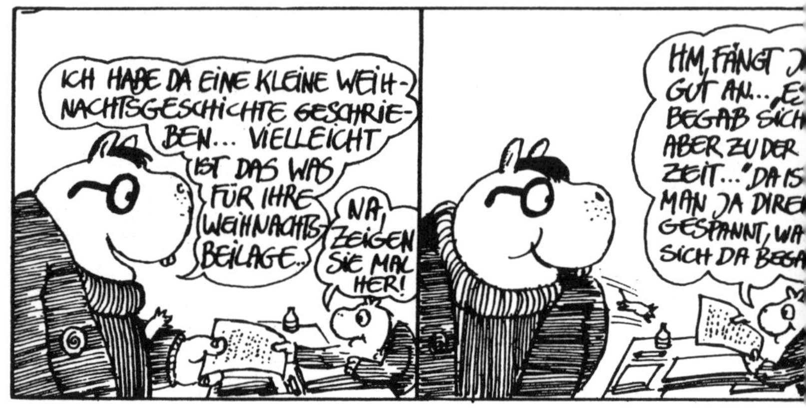

Zukunftsperspektive

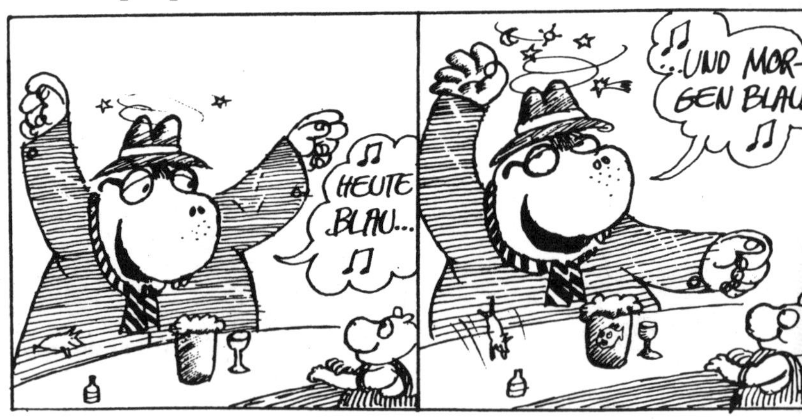

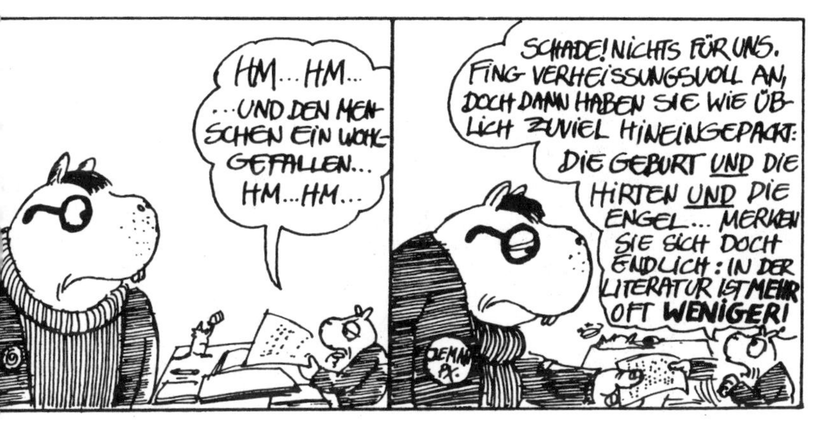
HM... HM...
...UND DEN MENSCHEN EIN WOHLGEFALLEN...
HM...HM...
SCHADE! NICHTS FÜR UNS. FING VERHEISSUNGSVOLL AN, DOCH DANN HABEN SIE WIE ÜBLICH ZUVIEL HINEINGEPACKT: DIE GEBURT UND DIE HIRTEN UND DIE ENGEL... MERKEN SIE SICH DOCH ENDLICH: IN DER LITERATUR IST MEHR OFT WENIGER!

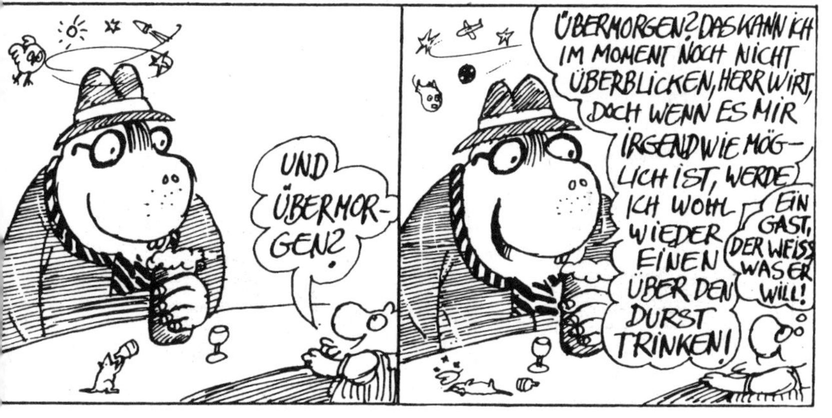
UND ÜBERMORGEN?
ÜBERMORGEN? DAS KANN ICH IM MOMENT NOCH NICHT ÜBERBLICKEN, HERR WIRT, DOCH WENN ES MIR IRGENDWIE MÖGLICH IST, WERDE ICH WOHL WIEDER EINEN ÜBER DEN DURST TRINKEN!
EIN GAST, DER WEISS WAS ER WILL!

Das Duell

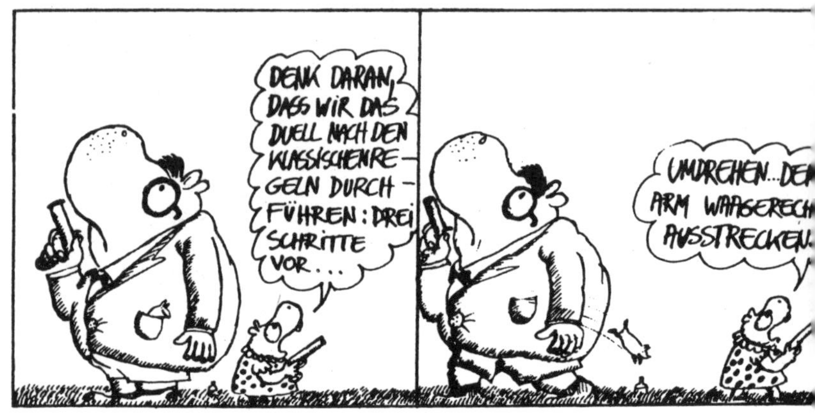

Das Geschöpf und sein Schöpfer

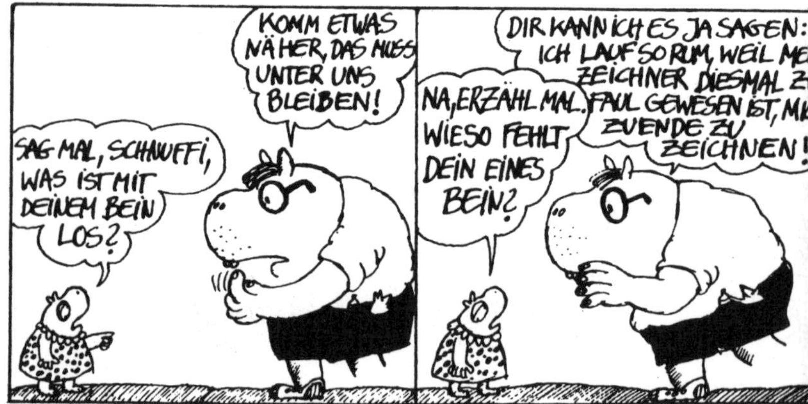

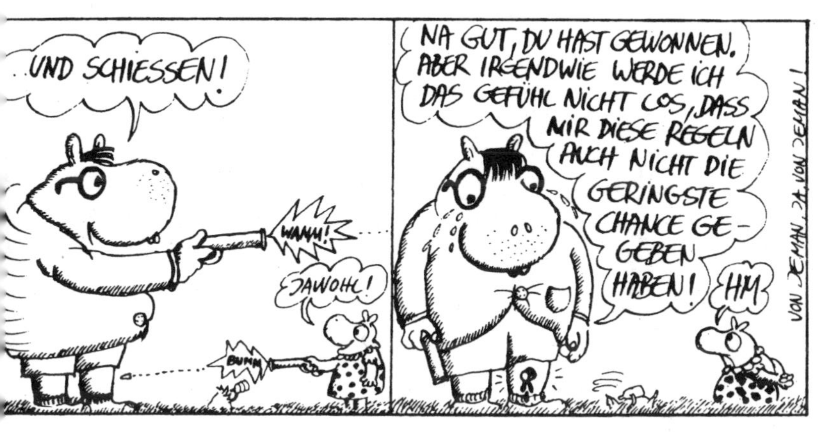
...UND SCHIESSEN!
WAMM!
JAWOHL!
BUMM
NA GUT, DU HAST GEWONNEN. ABER IRGENDWIE WERDE ICH DAS GEFÜHL NICHT LOS, DASS MIR DIESE REGELN AUCH NICHT DIE GERINGSTE CHANCE GEGEBEN HABEN!
HM
VON DEMAN, DA, VON DEMAN!

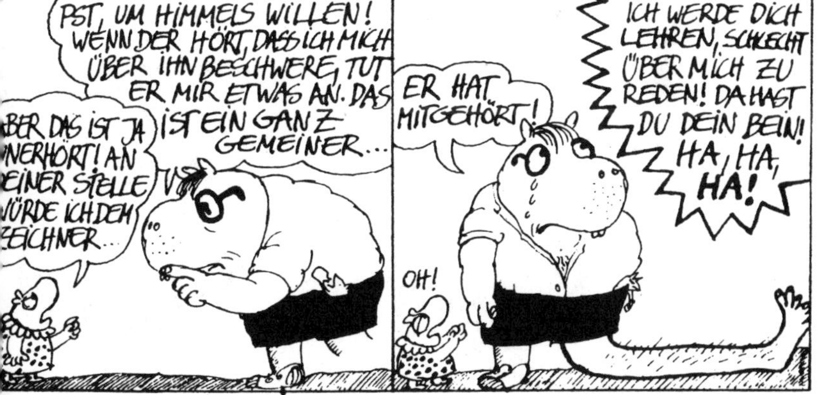
PST, UM HIMMELS WILLEN! WENN DER HÖRT, DASS ICH MICH ÜBER IHN BESCHWERE, TUT ER MIR ETWAS AN. DAS IST EIN GANZ GEMEINER...
BER DAS IST JA
NERHÖRT! AN
EINER STELLE
ÜRDE ICH DEM
EICHNER...
ER HAT MITGEHÖRT!
ICH WERDE DICH LEHREN, SCHLECHT ÜBER MICH ZU REDEN! DA HAST DU DEIN BEIN! HA, HA, HA!
OH!

Der Teufelsfahrer

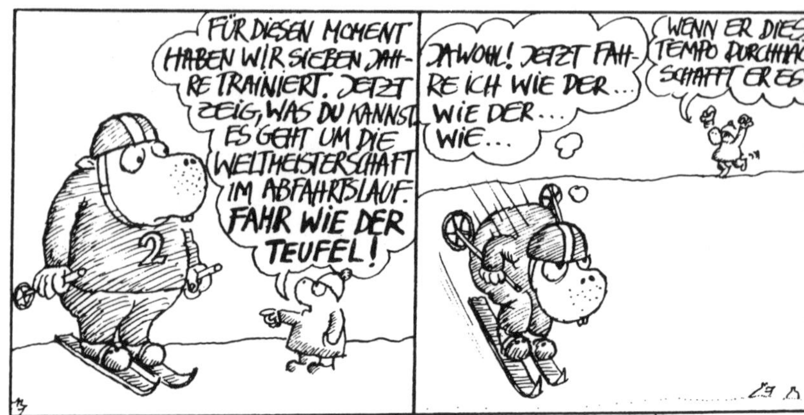

Wilhelm Schnuff

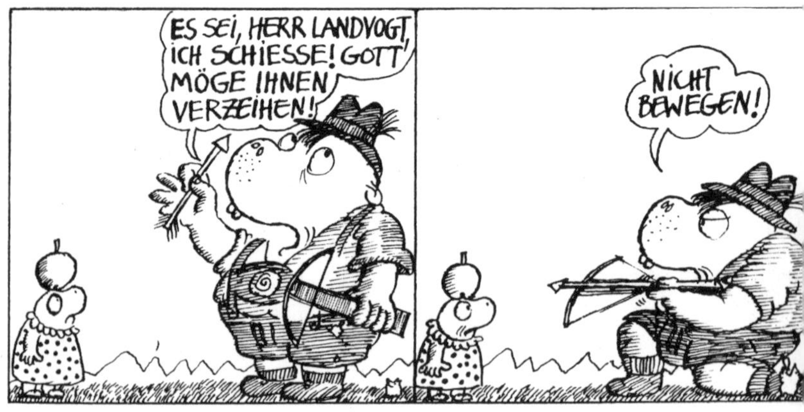

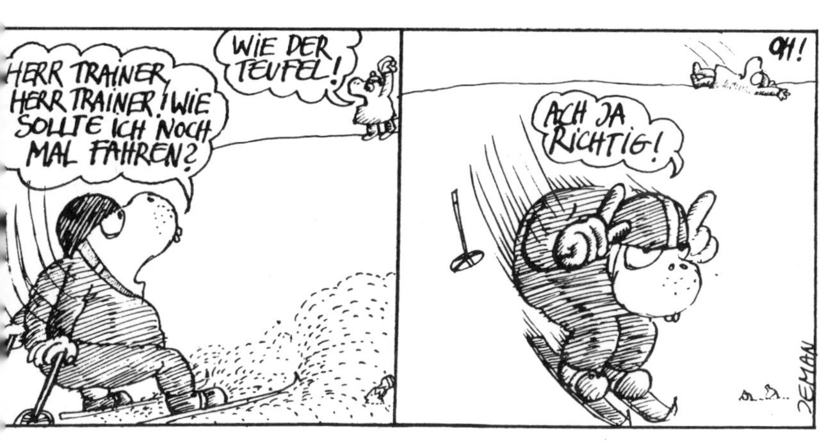
HERR TRAINER, HERR TRAINER! WIE SOLLTE ICH NOCH MAL FAHREN?
WIE DER TEUFEL!
ACH JA RICHTIG!
OH!
DEMAN

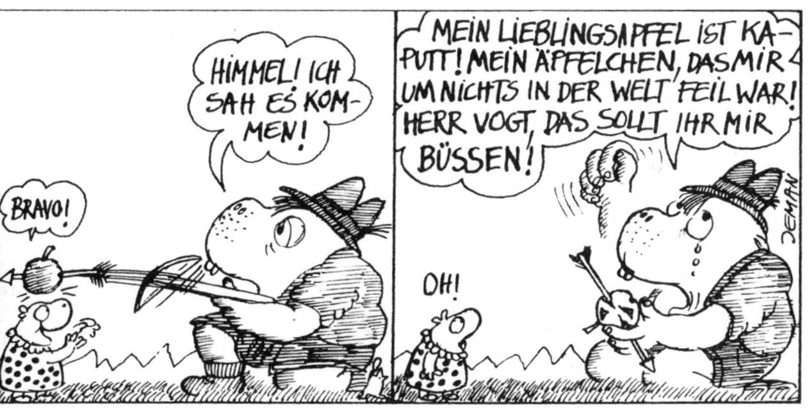
BRAVO!
HIMMEL! ICH SAH ES KOM-MEN!
MEIN LIEBLINGSAPFEL IST KA-PUTT! MEIN ÄPFELCHEN, DAS MIR UM NICHTS IN DER WELT FEIL WAR! HERR VOGT, DAS SOLLT IHR MIR BÜSSEN!
OH!
DEMAN

Selbsterfahrung

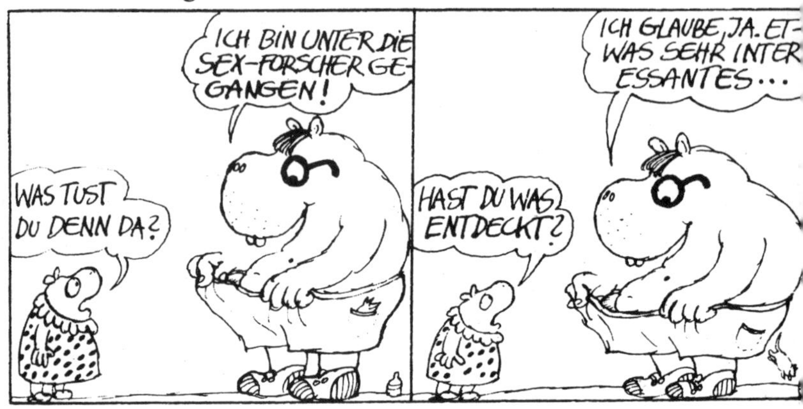

Grund zur Klage

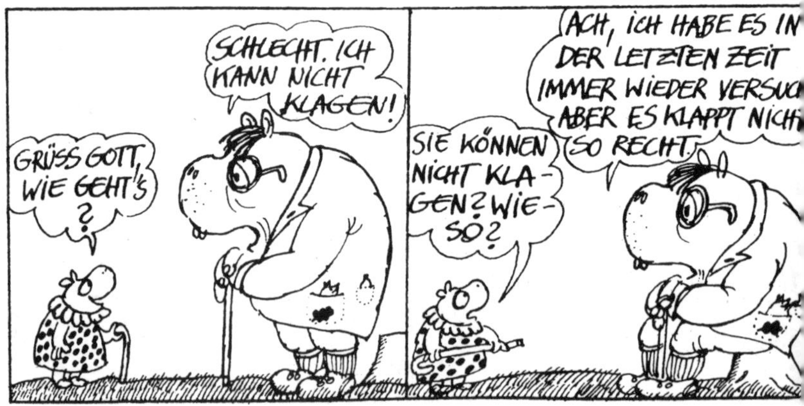

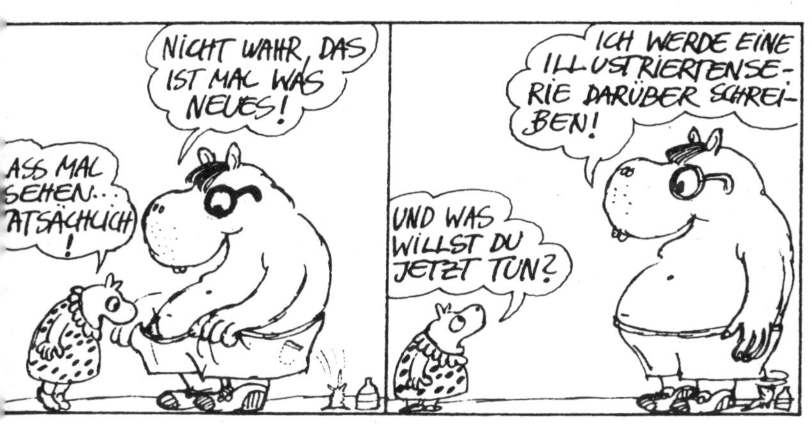
ASS MAL SEHEN.. ATSÄCHLICH!
NICHT WAHR, DAS IST MAL WAS NEUES!
UND WAS WILLST DU JETZT TUN?
ICH WERDE EINE ILLUSTRIERTENSE-RIE DARÜBER SCHREI-BEN!

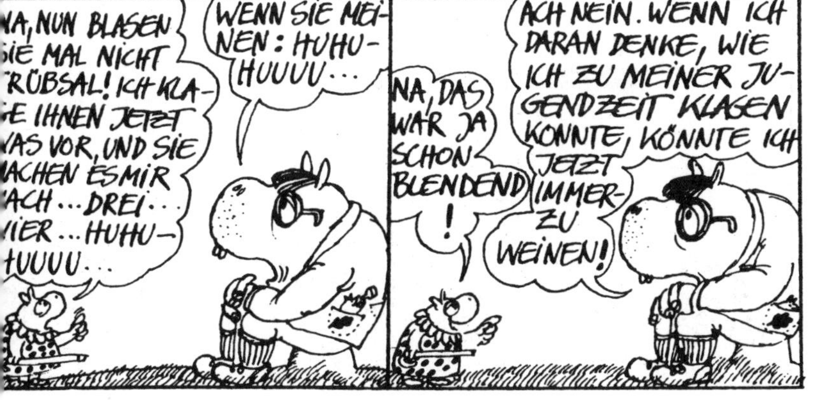
A, NUN BLASEN IE MAL NICHT RÜBSAL! ICH KLA-E IHNEN JETZT AS VOR, UND SIE ACHEN ES MIR ACH... DREI... IER... HUHU-UUUU...
WENN SIE MEI-NEN: HUHU-HUUUU...
NA, DAS WAR JA SCHON BLENDEND!
ACH NEIN. WENN ICH DARAN DENKE, WIE ICH ZU MEINER JU-GENDZEIT KLAGEN KONNTE, KÖNNTE ICH JETZT IMMER-ZU WEINEN!

Aus Paris

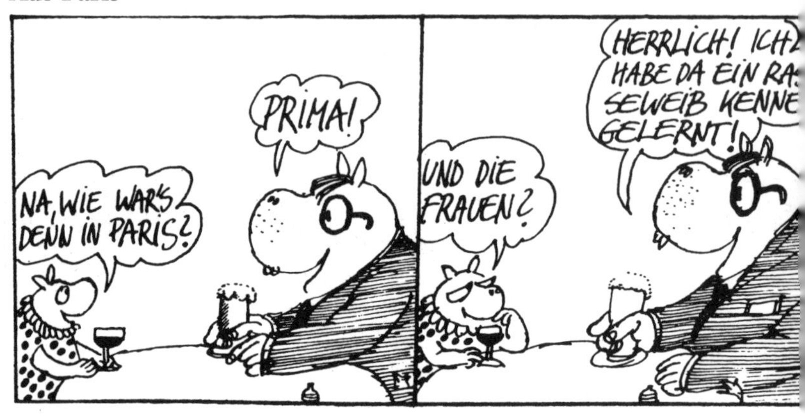

Im Patentamt

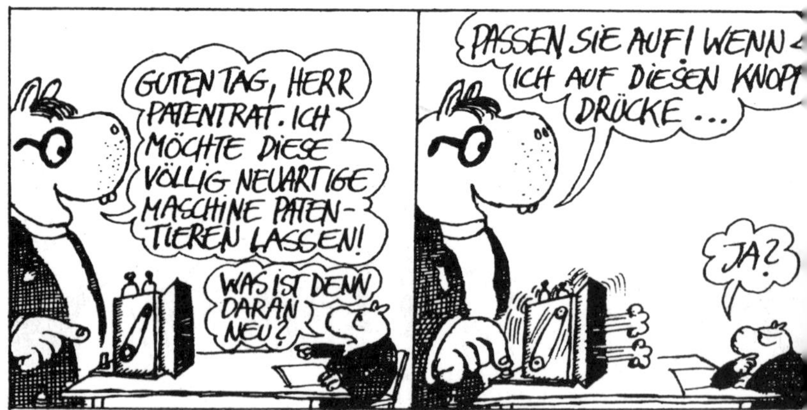

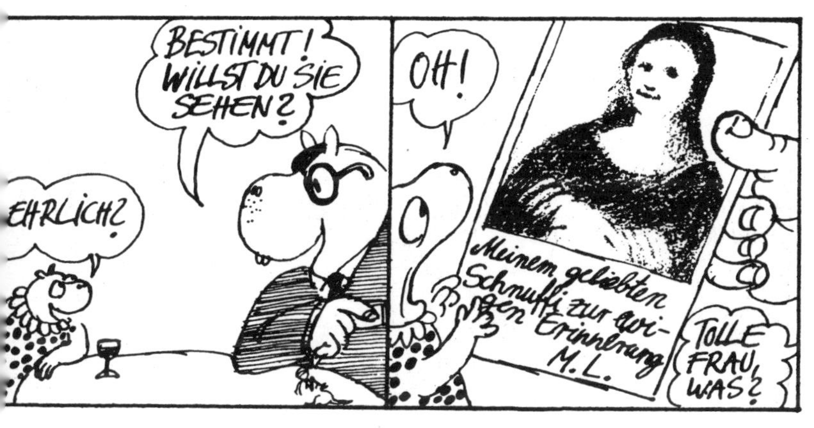
EHRLICH?
BESTIMMT! WILLST DU SIE SEHEN?
OH!
Meinem geliebten Schnuffi zur ewigen Erinnerung M. L.
TOLLE FRAU, WAS?

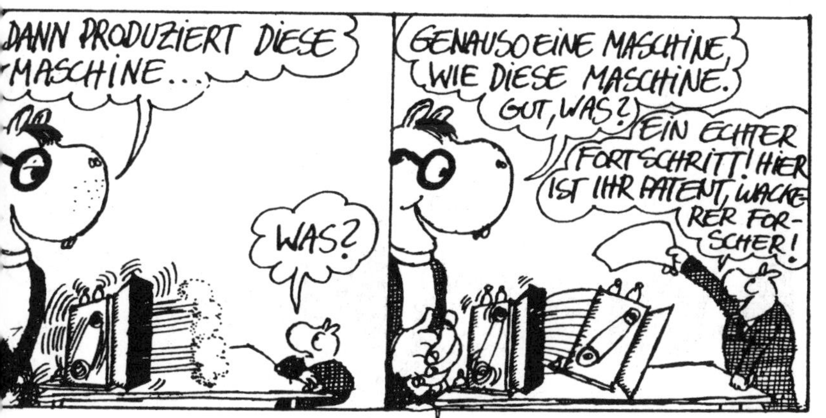
DANN PRODUZIERT DIESE MASCHINE...
WAS?
GENAUSO EINE MASCHINE, WIE DIESE MASCHINE.
GUT, WAS?
EIN ECHTER FORTSCHRITT! HIER IST IHR PATENT, WACKERER FORSCHER!

Fünfkämpfer Schnuffi

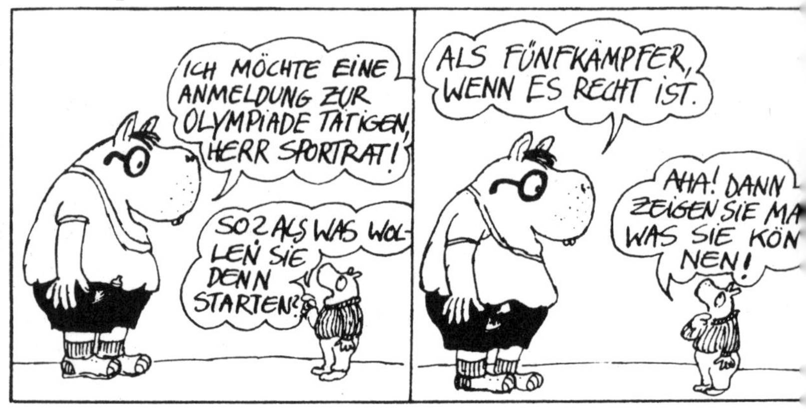

Schnuffi will zum Film

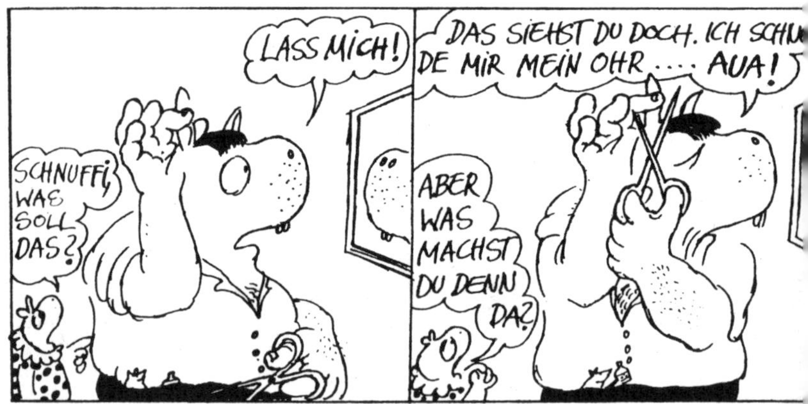

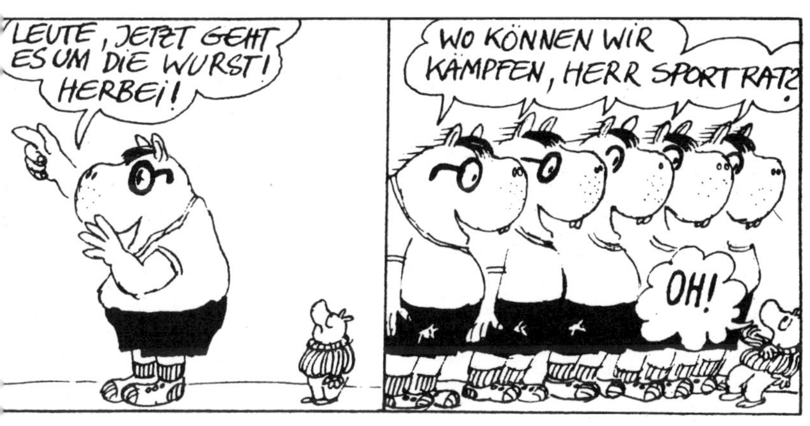
LEUTE, JETZT GEHT ES UM DIE WURST! HERBEI!
WO KÖNNEN WIR KÄMPFEN, HERR SPORTRAT?
OH!

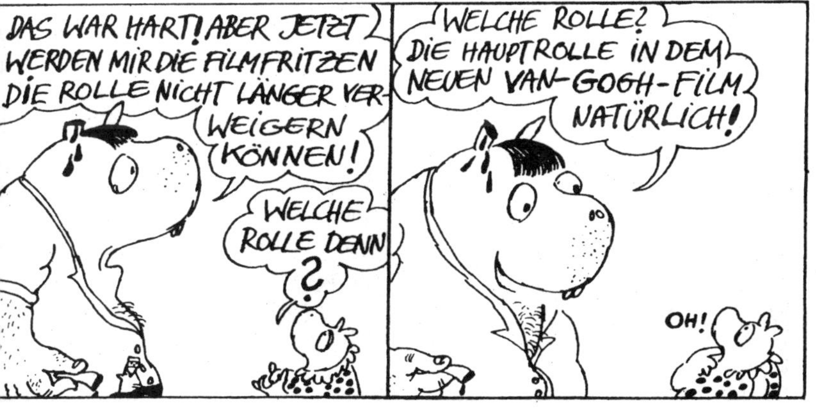
DAS WAR HART! ABER JETZT WERDEN MIR DIE FILMFRITZEN DIE ROLLE NICHT LÄNGER VERWEIGERN KÖNNEN!
WELCHE ROLLE DENN?
WELCHE ROLLE? DIE HAUPTROLLE IN DEM NEUEN VAN-GOGH-FILM NATÜRLICH!
OH!

Feuchte Ferien

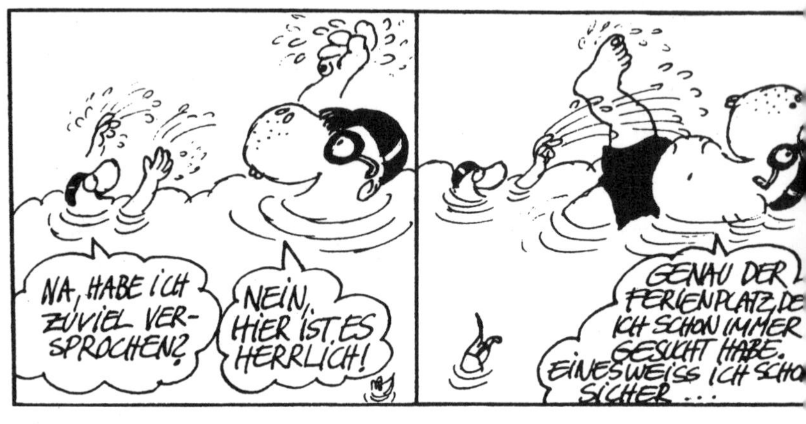

Schnuffi pokert

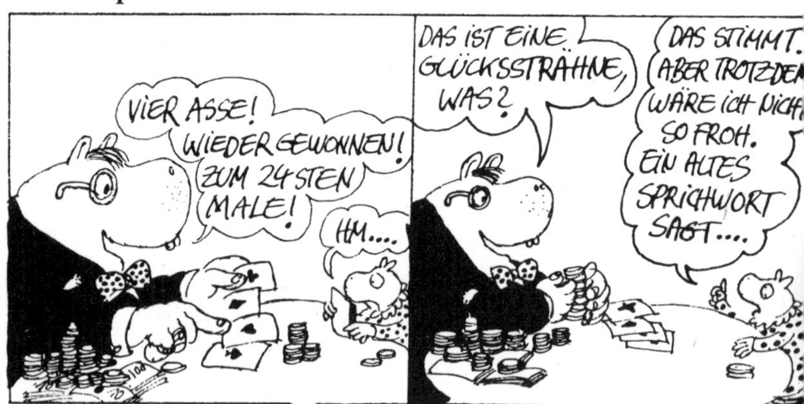

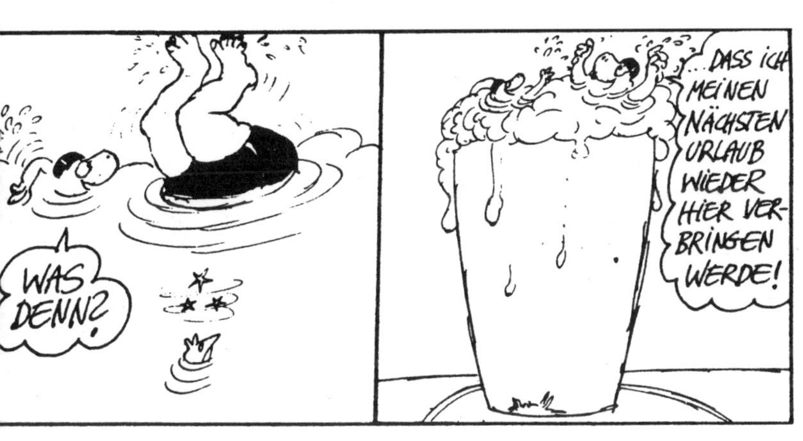
WAS DENN?
...DASS ICH MEINEN NÄCHSTEN URLAUB WIEDER HIER VERBRINGEN WERDE!

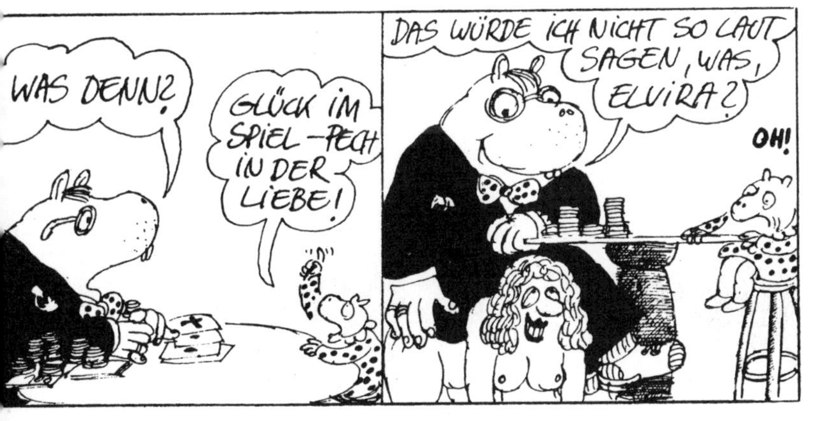
WAS DENN?
GLÜCK IM SPIEL – PECH IN DER LIEBE!
DAS WÜRDE ICH NICHT SO LAUT SAGEN, WAS, ELVIRA?
OH!

Der Countdown

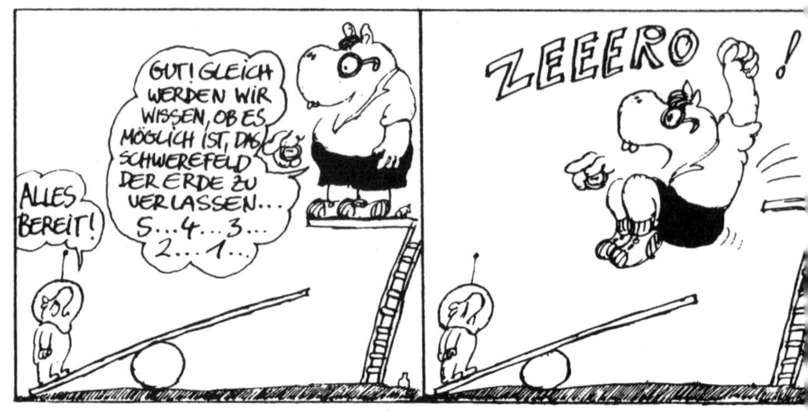

Moralist Schnuffi

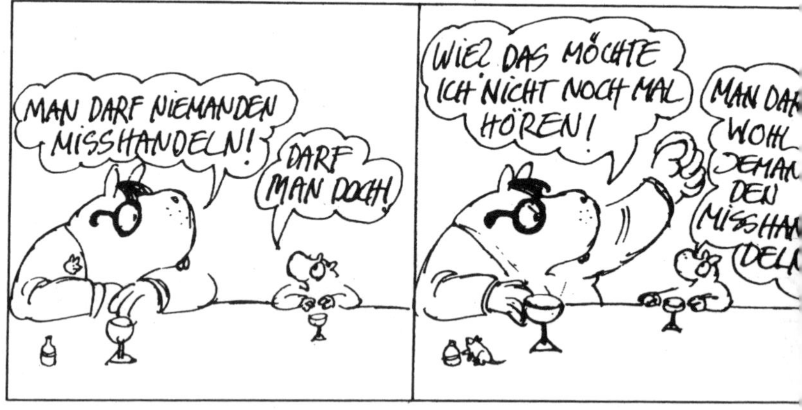

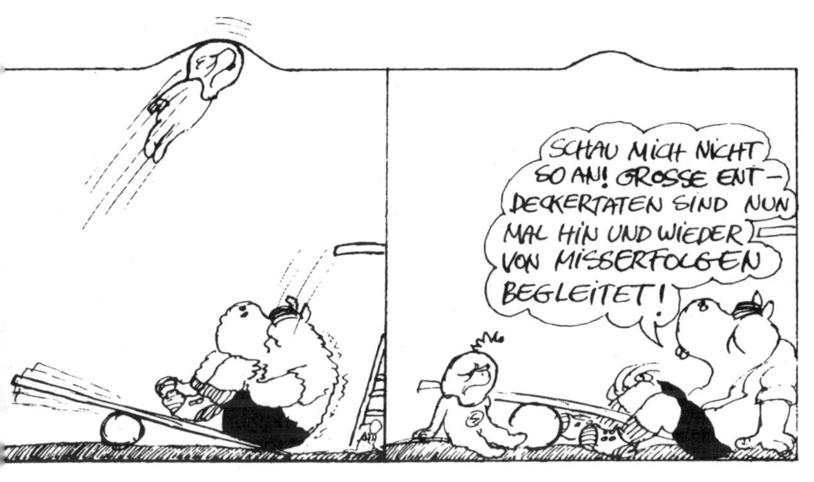
SCHAU MICH NICHT SO AN! GROSSE ENT-
DECKERTATEN SIND NUN MAL HIN UND WIEDER VON MISSERFOLGEN BEGLEITET!

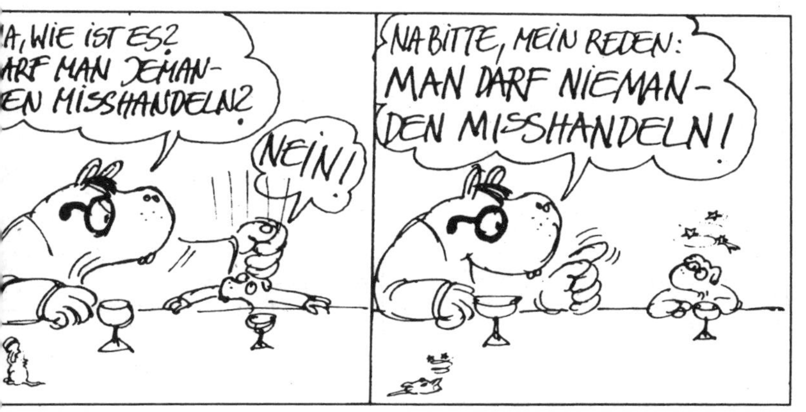
A, WIE IST ES? ARF MAN JEMAN-
EN MISSHANDELN?
NEIN!
NA BITTE, MEIN REDEN: MAN DARF NIEMAN-
DEN MISSHANDELN!

Der Erwählte

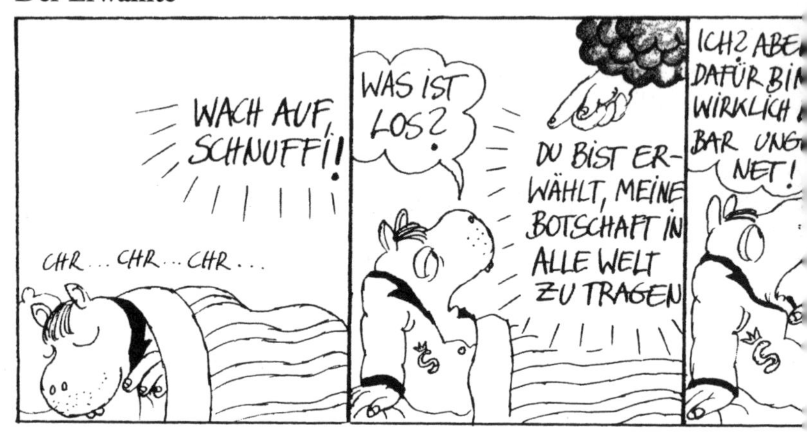

Schnuffi, frisiert

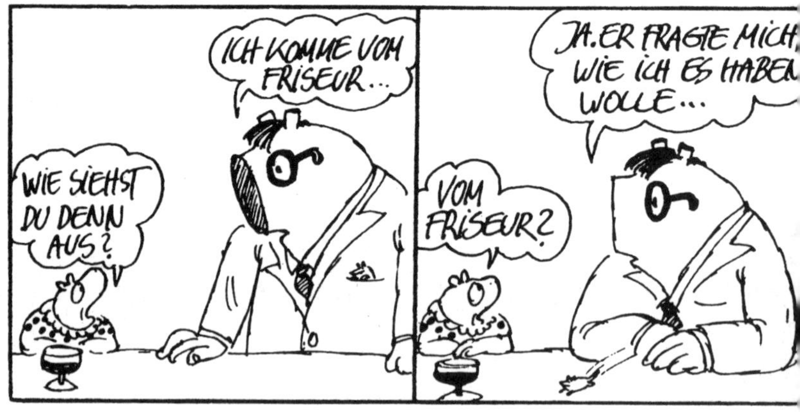

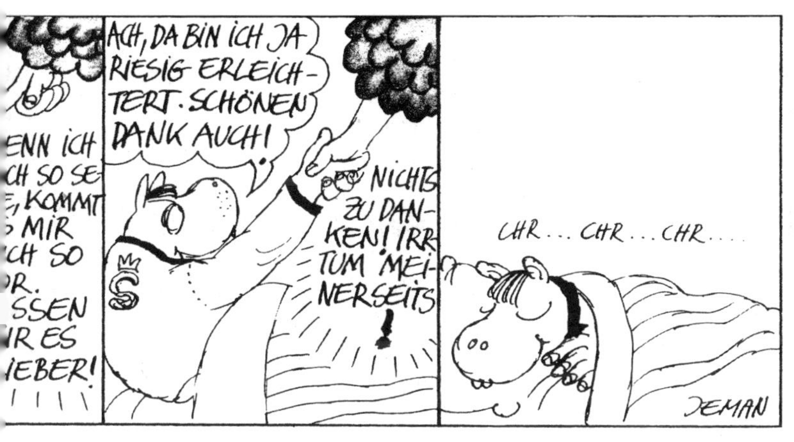
ACH, DA BIN ICH JA RIESIG ERLEICHTERT. SCHÖNEN DANK AUCH!
NICHTS ZU DANKEN! IRRTUM MEINERSEITS!
CHR... CHR... CHR...

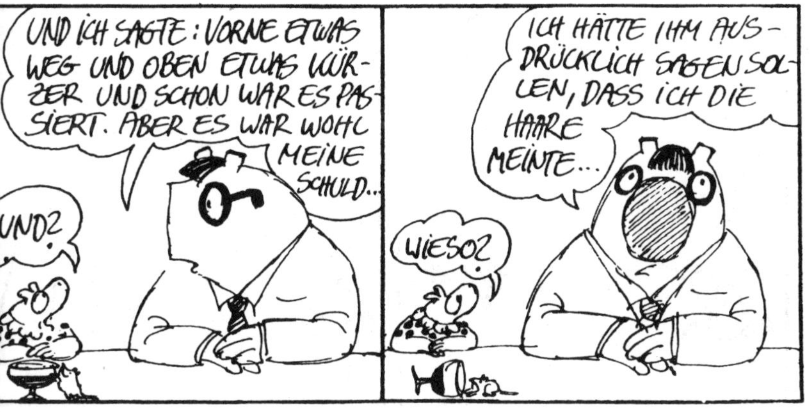
UND ICH SAGTE: VORNE ETWAS WEG UND OBEN ETWAS KÜRZER UND SCHON WAR ES PASSIERT. ABER ES WAR WOHL MEINE SCHULD...
UND?
WIESO?
ICH HÄTTE IHM AUSDRÜCKLICH SAGEN SOLLEN, DASS ICH DIE HAARE MEINTE...

Das böse Ende

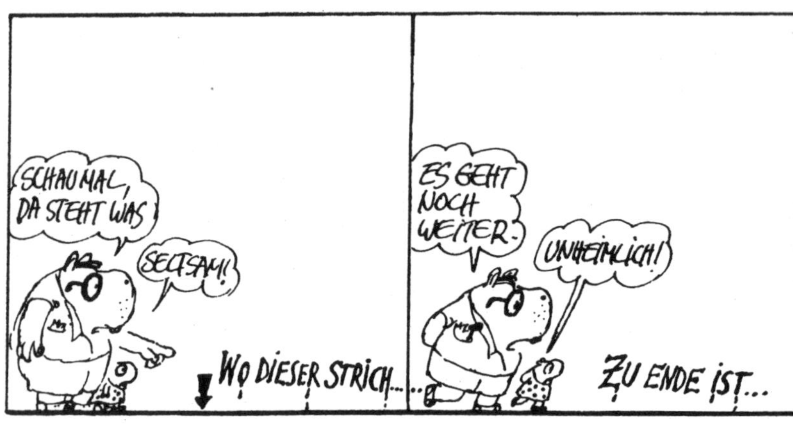

Im Restaurant II

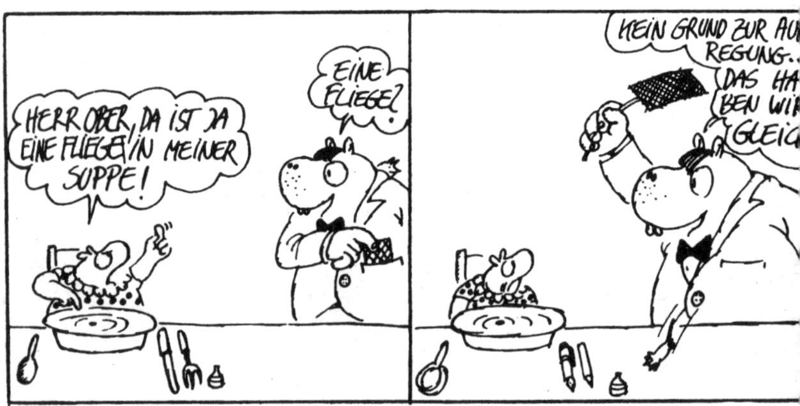

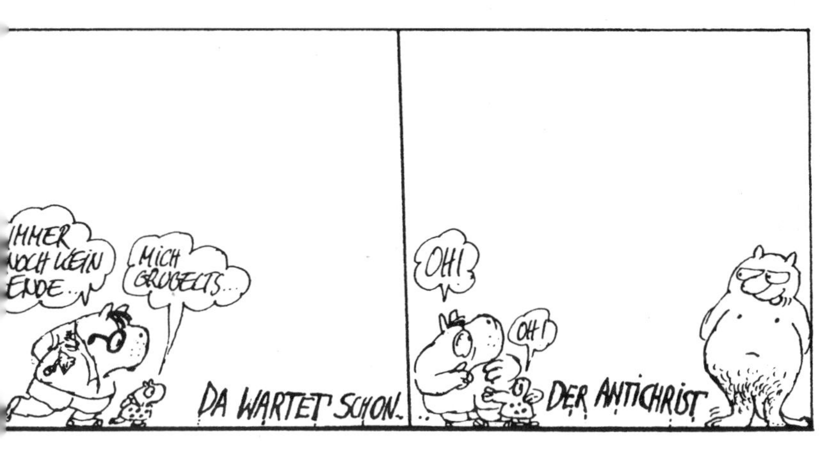
IMMER NOCH KEIN ENDE...
MICH GRUSELTS...
DA WARTET SCHON...
OH!
OH!
DER ANTICHRIST

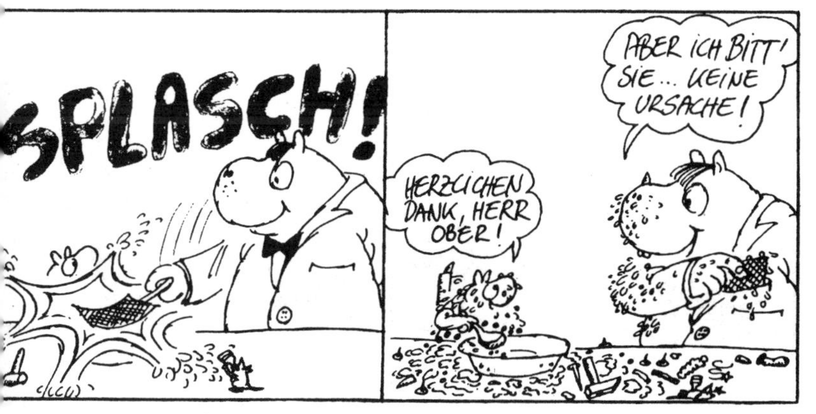
SPLASCH!
HERZLICHEN DANK, HERR OBER!
ABER ICH BITT' SIE... KEINE URSACHE!

Die Tarnkappe

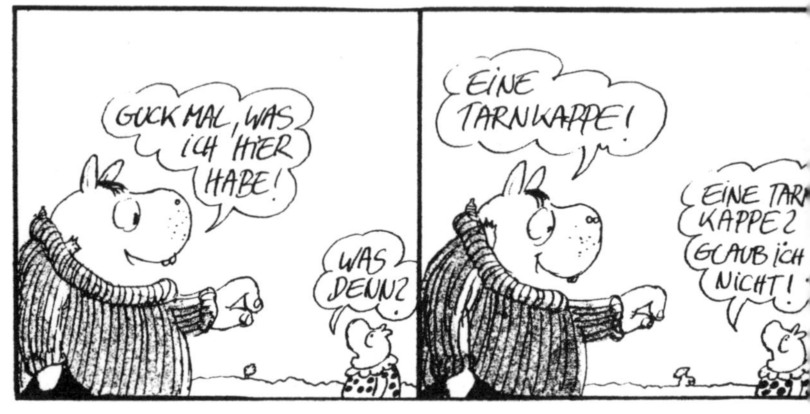

Der Mensch und das Feuer

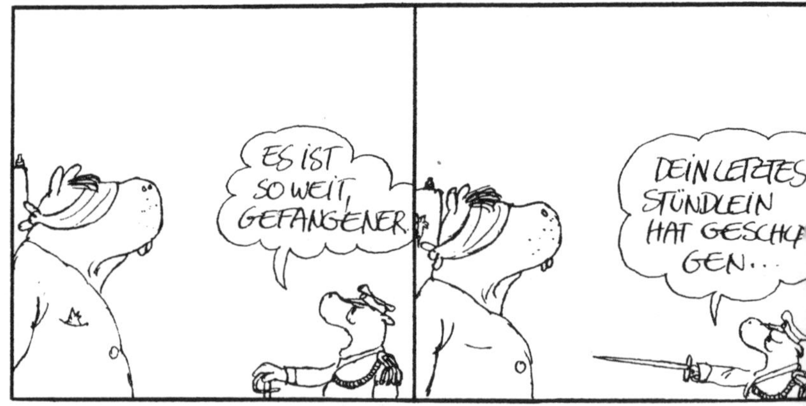

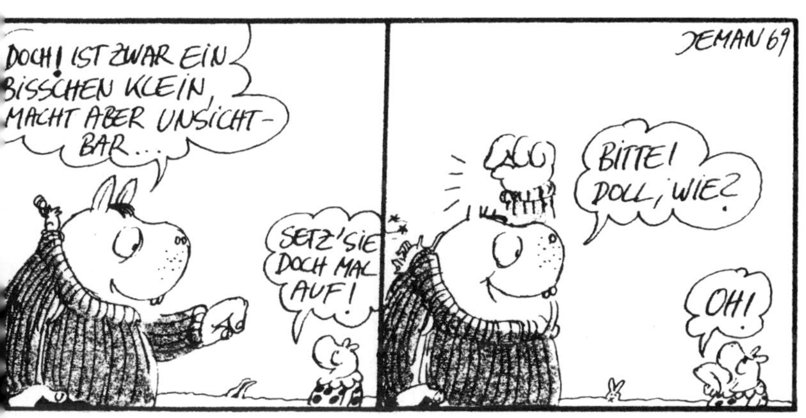
DOCH! IST ZWAR EIN BISSCHEN KLEIN, MACHT ABER UNSICHT-BAR...
SETZ' SIE DOCH MAL AUF!
BITTE! DOLL, WIE?
OH!
DEMAN 69

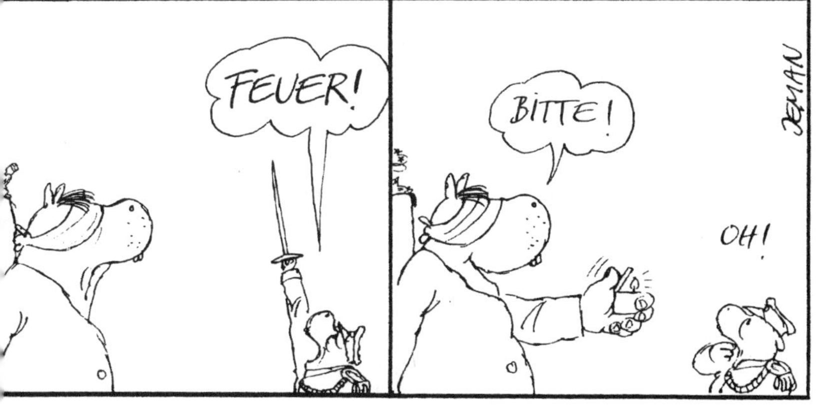
FEUER!
BITTE!
OH!
DEMAN

Verkehrswarnung

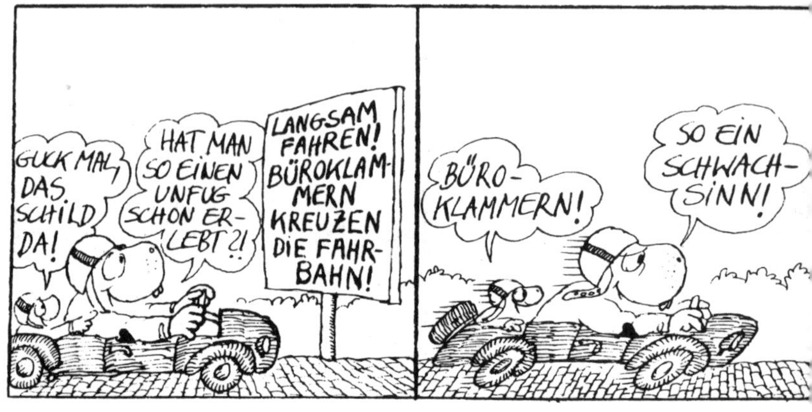

Nietzsche im Bild

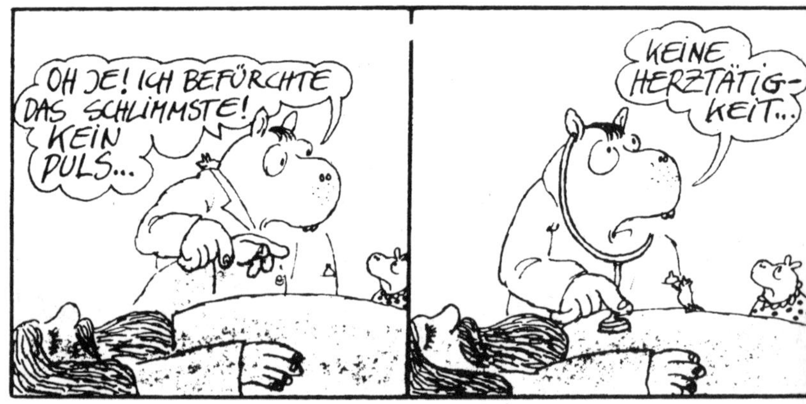

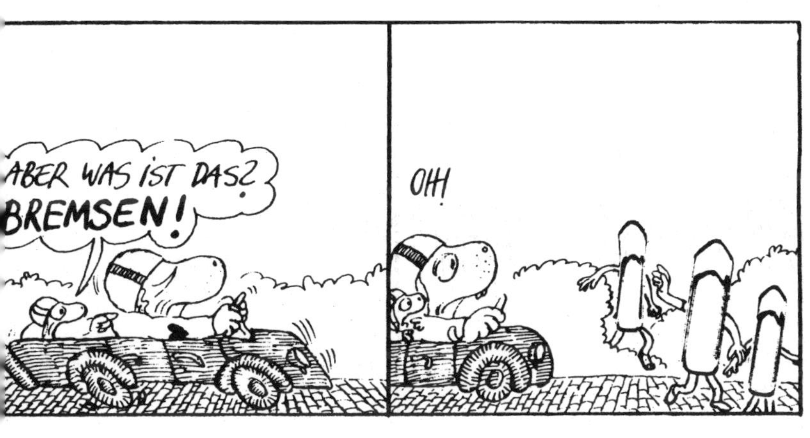
ABER WAS IST DAS?
BREMSEN!
OH!

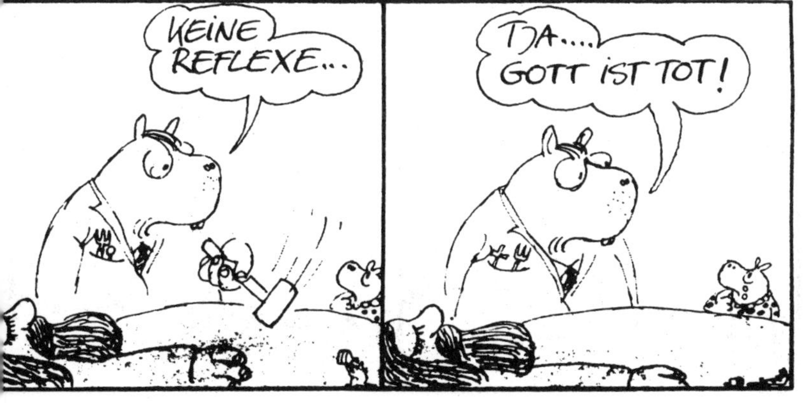
KEINE REFLEXE...
TJA.... GOTT IST TOT!

Wunder der Natur

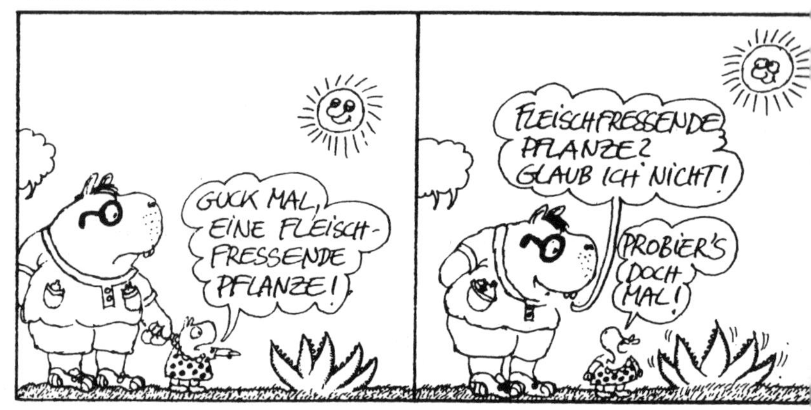

Magier Schnuffi

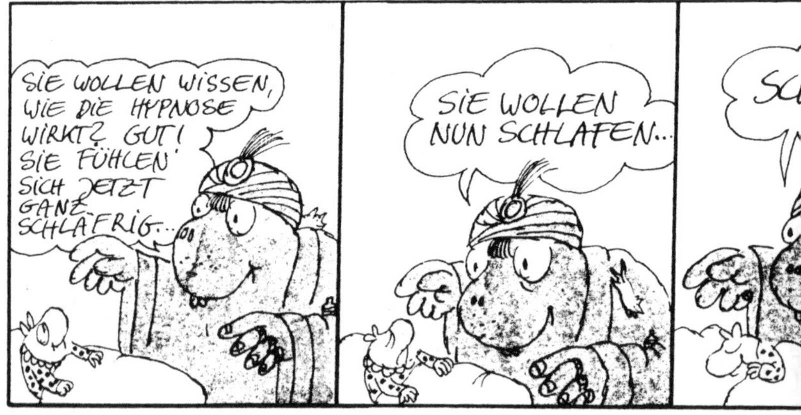

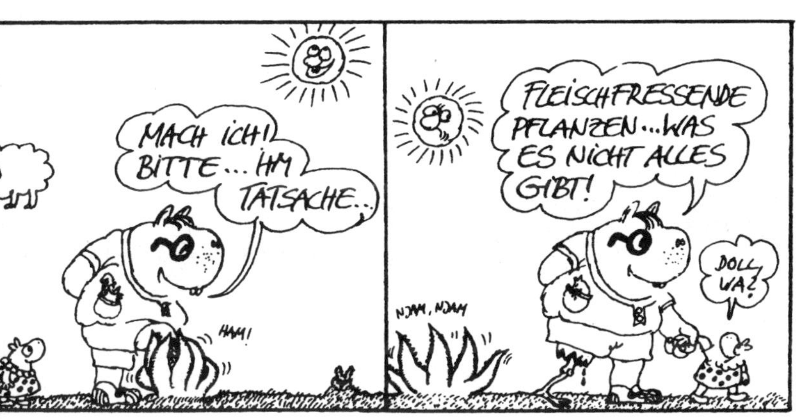
MACH ICH! BITTE... HM TATSACHE...
HAM!
FLEISCHFRESSENDE PFLANZEN... WAS ES NICHT ALLES GIBT!
NJAM, NJAM
DOLL, WA?

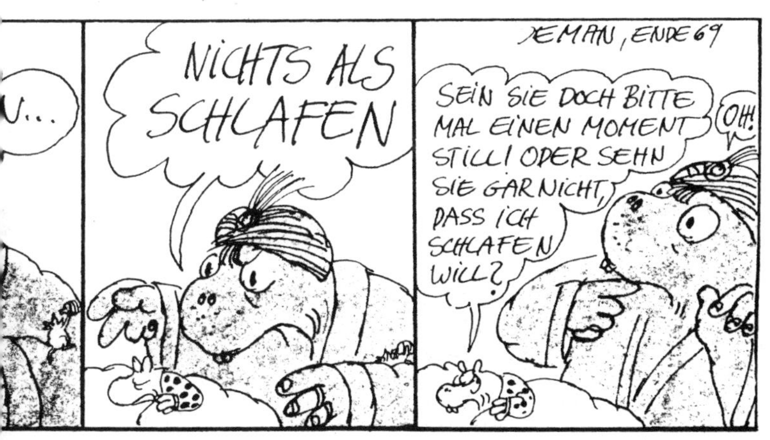
NICHTS ALS SCHLAFEN
ÆMAN, ENDE 69
SEIN SIE DOCH BITTE MAL EINEN MOMENT STILL! ODER SEHN SIE GAR NICHT, DASS ICH SCHLAFEN WILL?
OH!

In Schnuffis Kopf

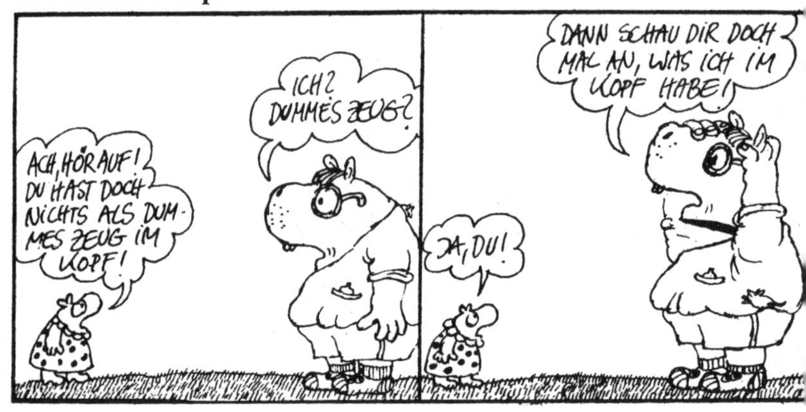

Elfmeter

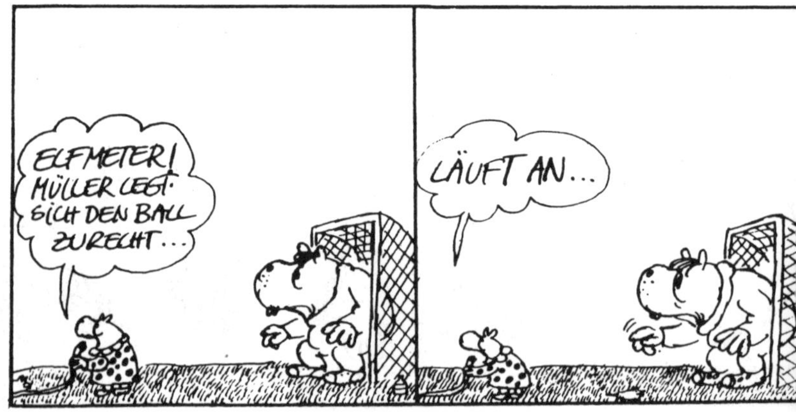

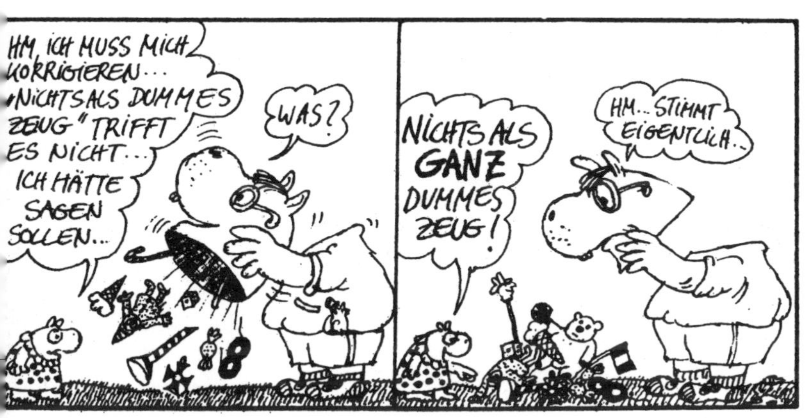
HM, ICH MUSS MICH KORRIGIEREN … „NICHTS ALS DUMMES ZEUG" TRIFFT ES NICHT … ICH HÄTTE SAGEN SOLLEN …
WAS?
NICHTS ALS GANZ DUMMES ZEUG!
HM … STIMMT EIGENTLICH …

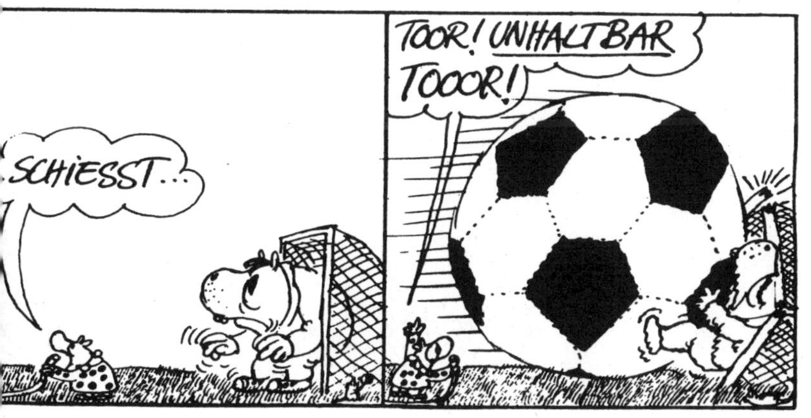
SCHIESST …
TOOR! UNHALTBAR TOOOR!

St. Schnuffi

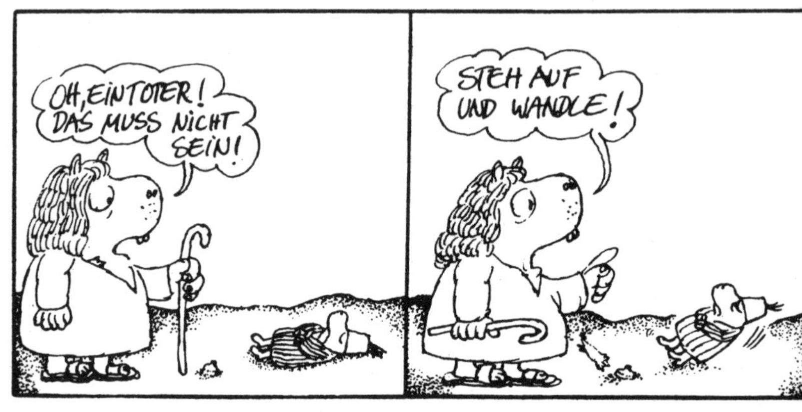

Exorzismus I

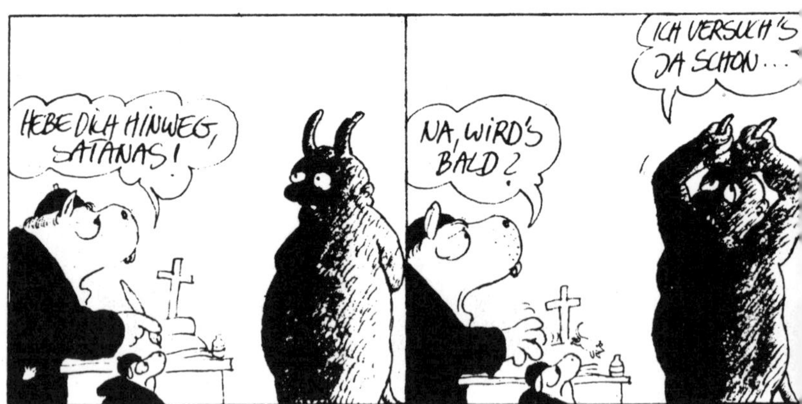

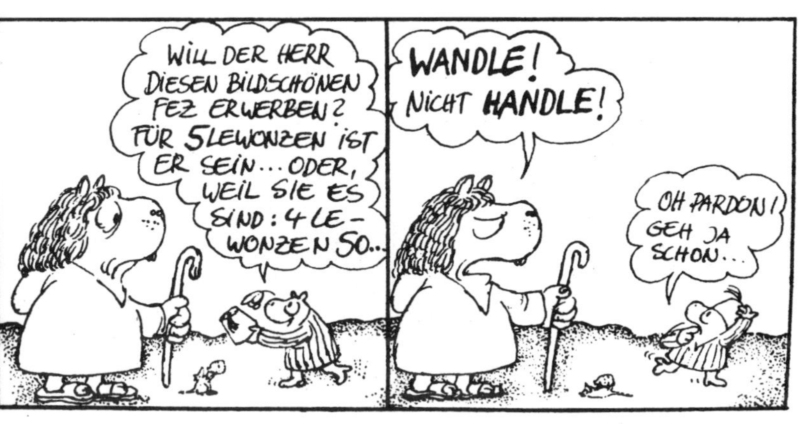
WILL DER HERR DIESEN BILDSCHÖNEN FEZ ERWERBEN? FÜR 5 LEWONZEN IST ER SEIN ... ODER, WEIL SIE ES SIND: 4 LE-WONZEN SO...
WANDLE! NICHT HANDLE!
OH PARDON! GEH JA SCHON...

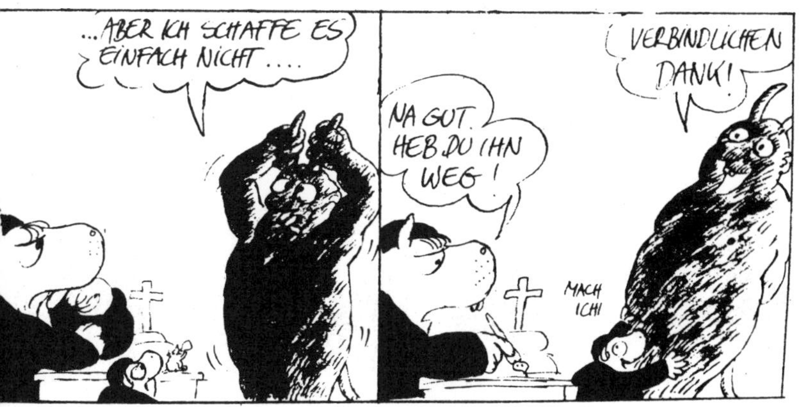
...ABER ICH SCHAFFE ES EINFACH NICHT....
VERBINDLICHEN DANK!
NA GUT. HEB DU IHN WEG!
MACH ICH!

Roß und Reiter u.s.w.

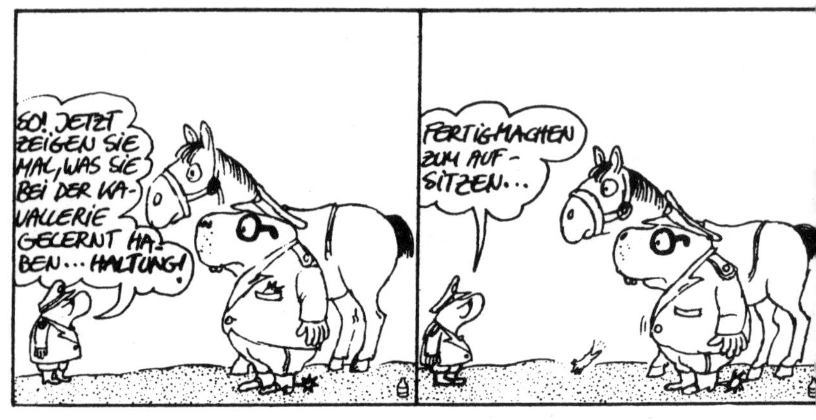

Die gelbe Gefahr

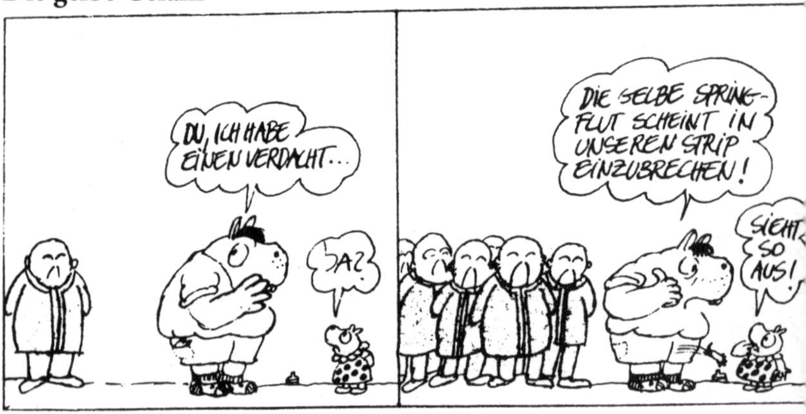

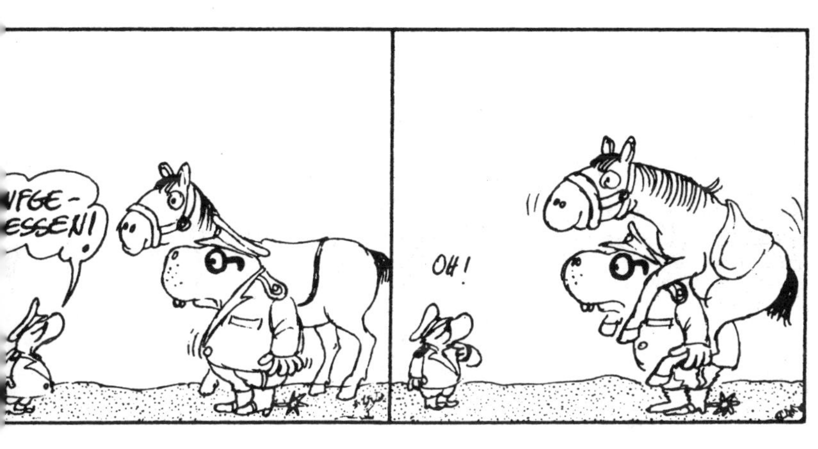

UFGE-
ESSEN!
OH!

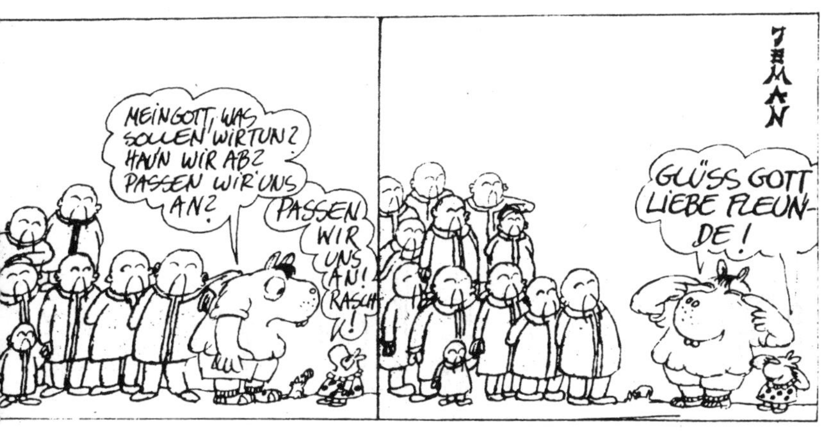

MEINGOTT, WAS SOLLEN WIR TUN? HAUN WIR AB? PASSEN WIR UNS AN?
PASSEN WIR UNS AN! RASCH!
GLÜSS GOTT LIEBE FLEUN-DE!

Der tägliche Tod

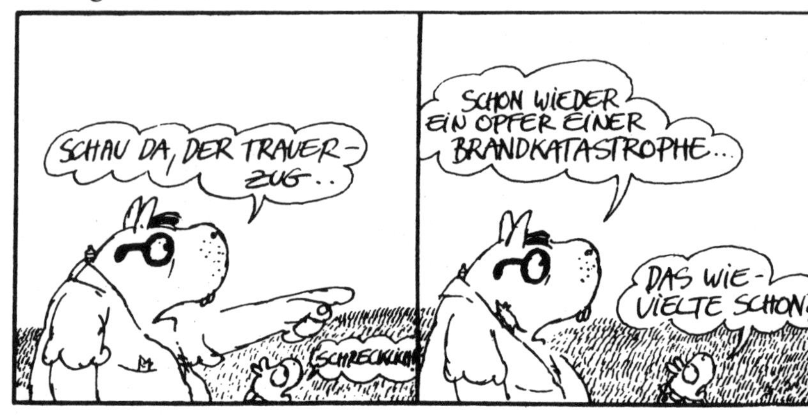

Bild und Wirklichkeit

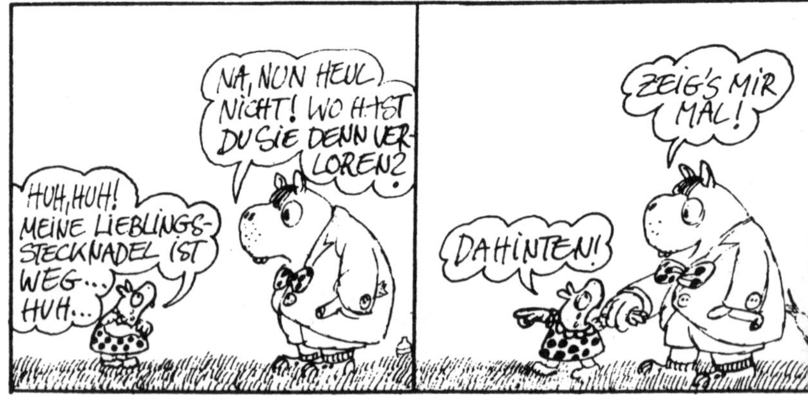

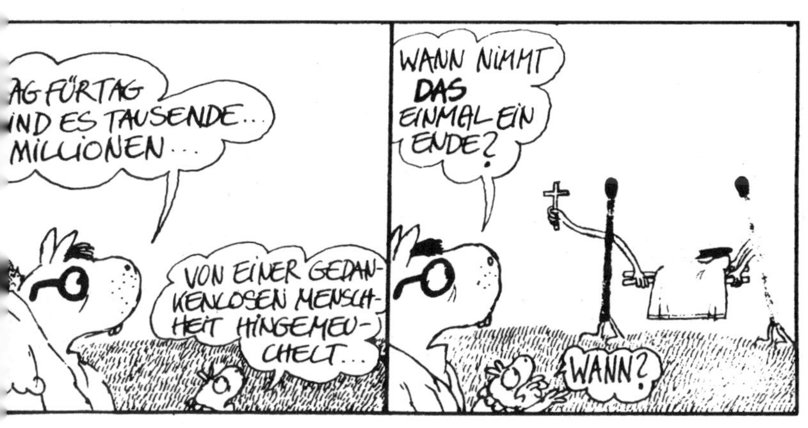
AG FÜRTAG
IND ES TAUSENDE...
MILLIONEN...
VON EINER GEDANKENLOSEN MENSCHHEIT HINGEMEUCHELT...
WANN NIMMT **DAS** EINMAL EIN ENDE?
WANN?

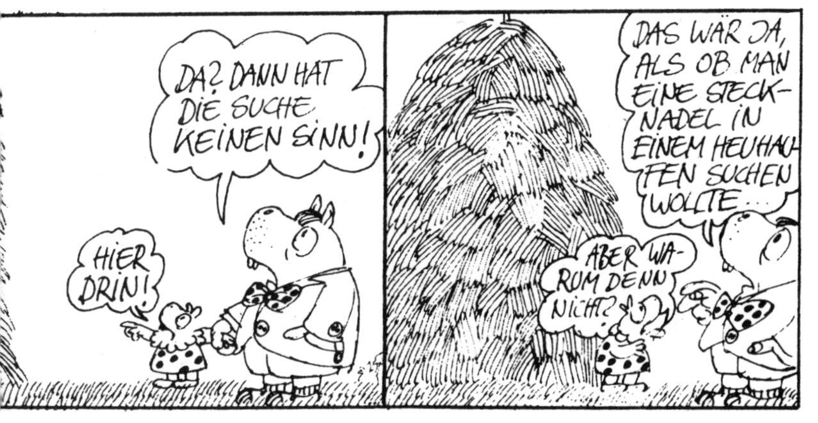
HIER DRIN!
DA? DANN HAT DIE SUCHE KEINEN SINN!
DAS WÄR JA, ALS OB MAN EINE STECKNADEL IN EINEM HEUHAUFEN SUCHEN WOLLTE...
ABER WARUM DENN NICHT?

Bildhauer Schnuffi

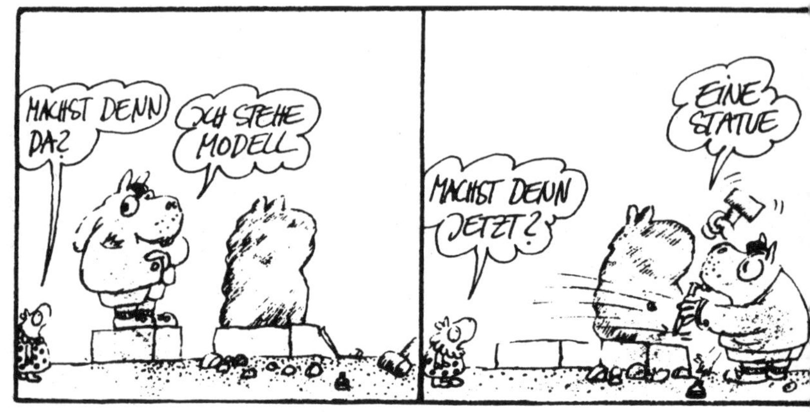

Schnuffi, vergeßlich

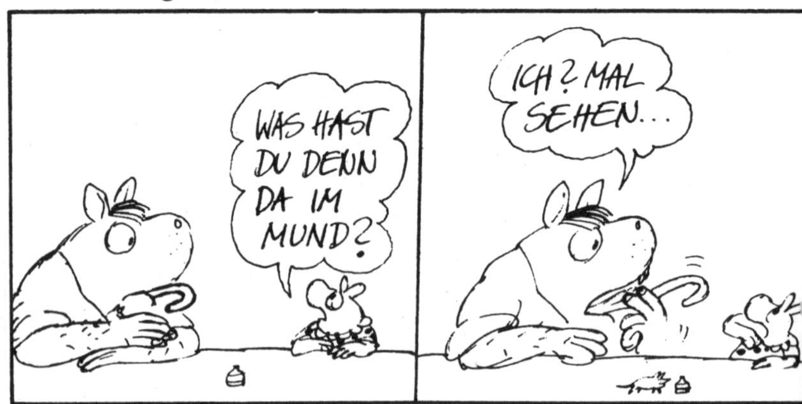

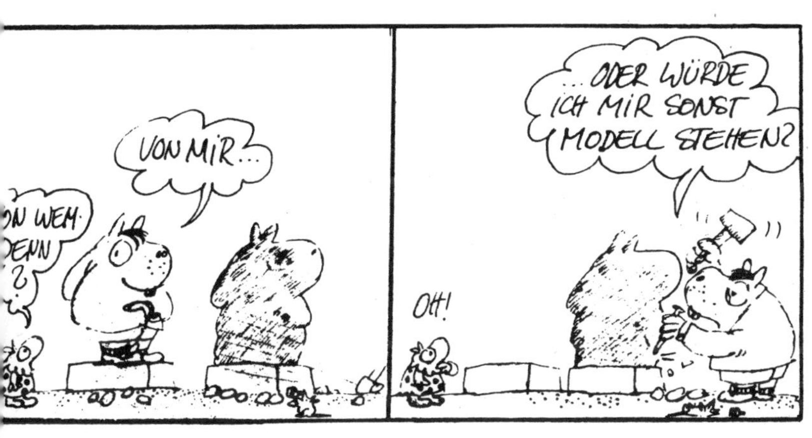

ON WEM DENN ?
VON MIR ...
... ODER WÜRDE ICH MIR SONST MODELL STEHEN?
OH!

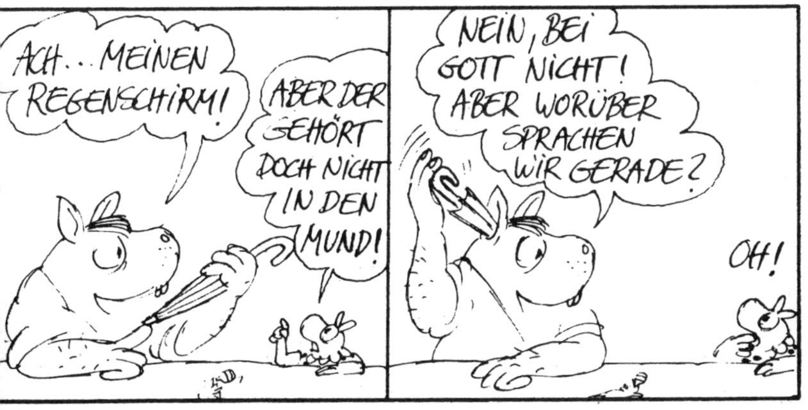

ACH ... MEINEN REGENSCHIRM!
ABER DER GEHÖRT DOCH NICHT IN DEN MUND!
NEIN, BEI GOTT NICHT! ABER WORÜBER SPRACHEN WIR GERADE?
OH!

Oh, Schnuffi

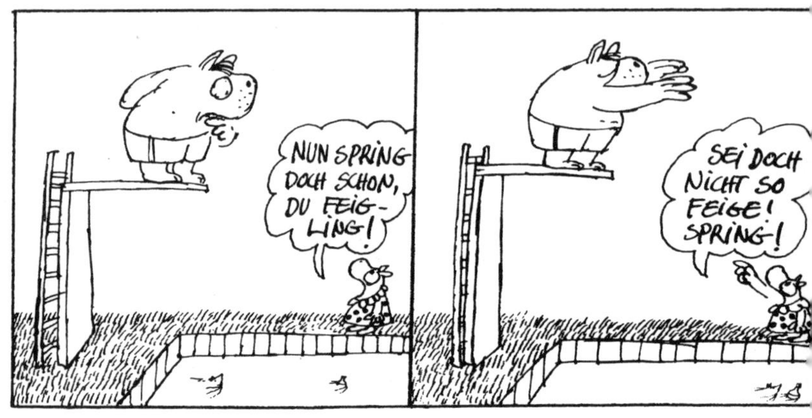

Grenzen der Sprache

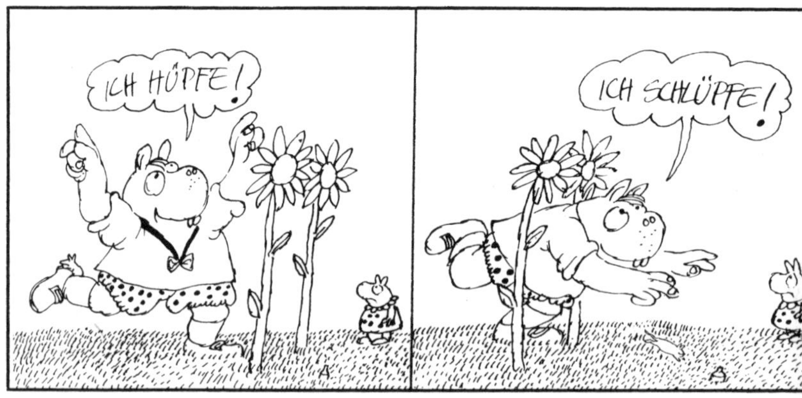

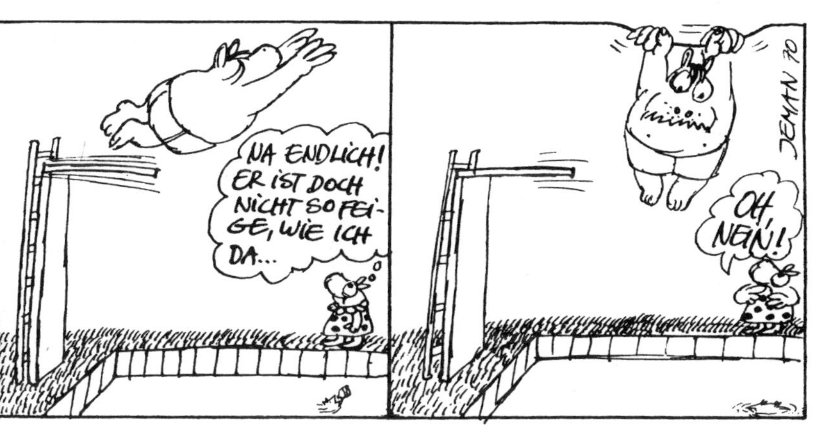
NA ENDLICH! ER IST DOCH NICHT SO FEI-GE, WIE ICH DA...
OH, NEIN!
DEMAN 70

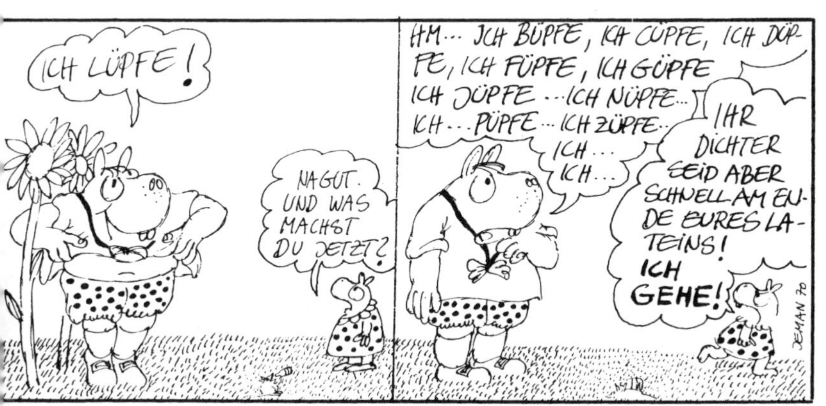
ICH LÜPFE!
NA GUT. UND WAS MACHST DU JETZT?
HM... ICH BÜPFE, ICH CÜPFE, ICH DÜP-FE, ICH FÜPFE, ICH GÜPFE ICH JÜPFE ...ICH NÜPFE... ICH... PÜPFE... ICH ZÜPFE...
ICH... ICH...
IHR DICHTER SEID ABER SCHNELL AM EN-DE EURES LA-TEINS! ICH GEHE!
DEMAN 70

Zeichnerbeschimpfung

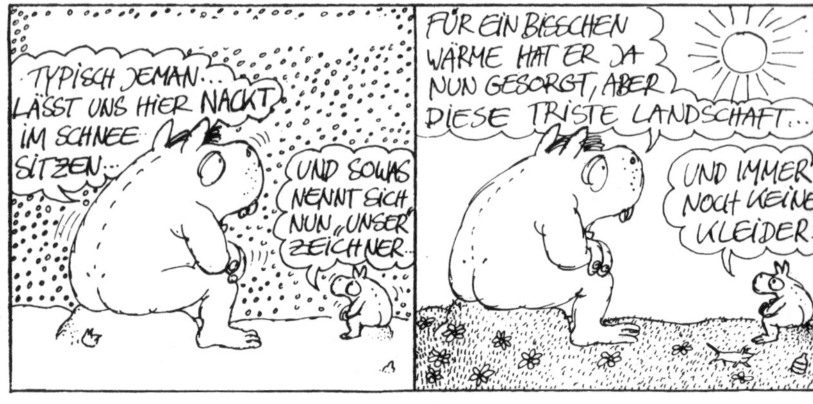

Der Spuk

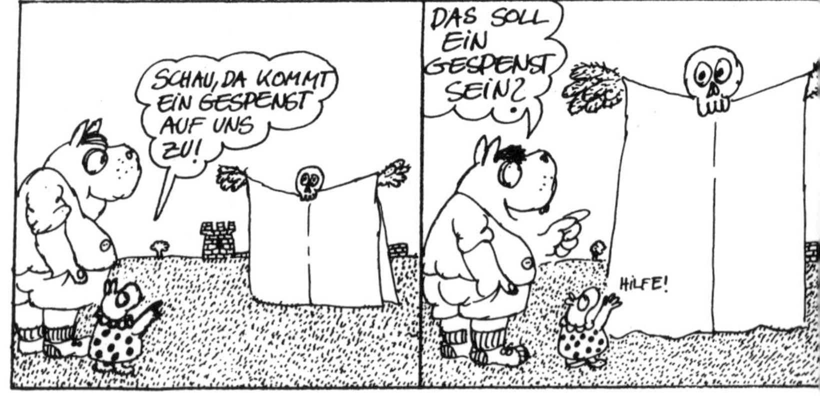

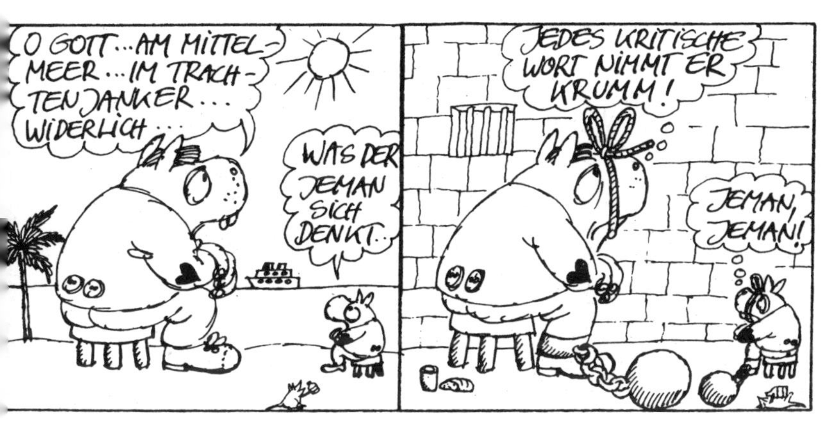
O GOTT ... AM MITTELMEER ... IM TRACHTENJANKER ... WIDERLICH ...
WAS DER JEMAN SICH DENKT ...
JEDES KRITISCHE WORT NIMMT ER KRUMM!
JEMAN, JEMAN!

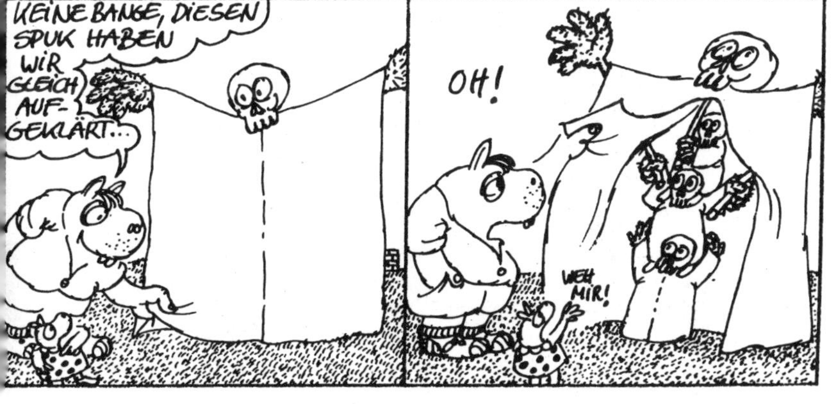
KEINE BANGE, DIESEN SPUK HABEN WIR GLEICH AUFGEKLÄRT ...
OH!
WEH MIR!

Falsche Hunde

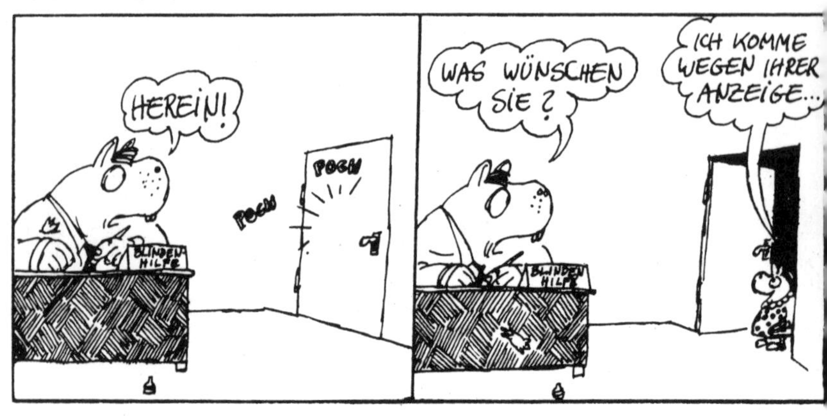

Im Restaurant III

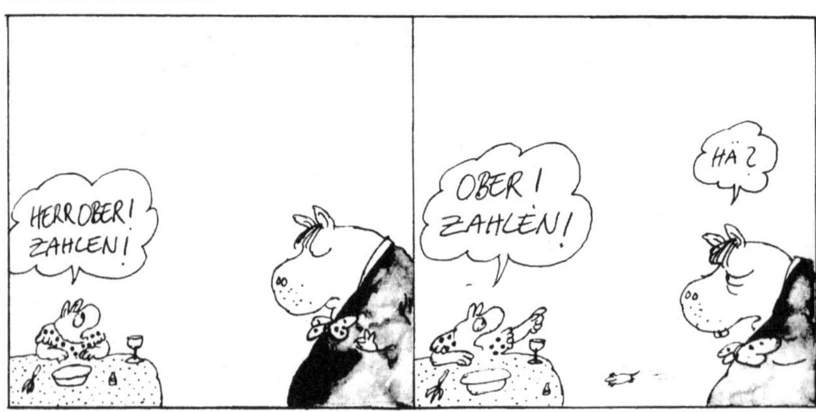

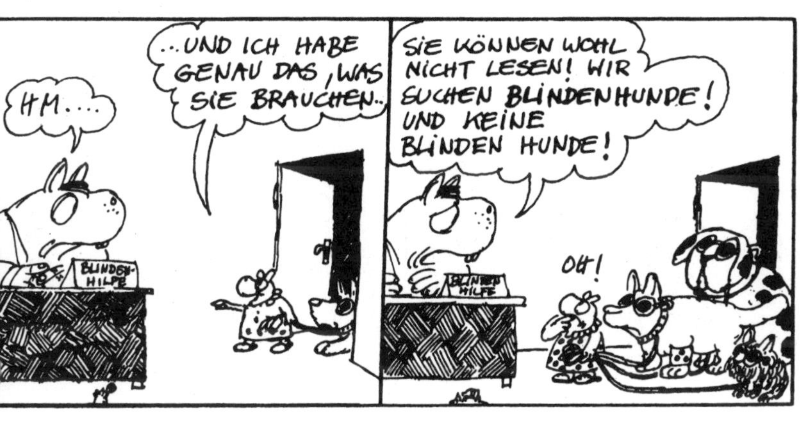
HM....
...UND ICH HABE GENAU DAS, WAS SIE BRAUCHEN..
BLINDENHILFE
SIE KÖNNEN WOHL NICHT LESEN! WIR SUCHEN BLINDENHUNDE! UND KEINE BLINDEN HUNDE!
OH!

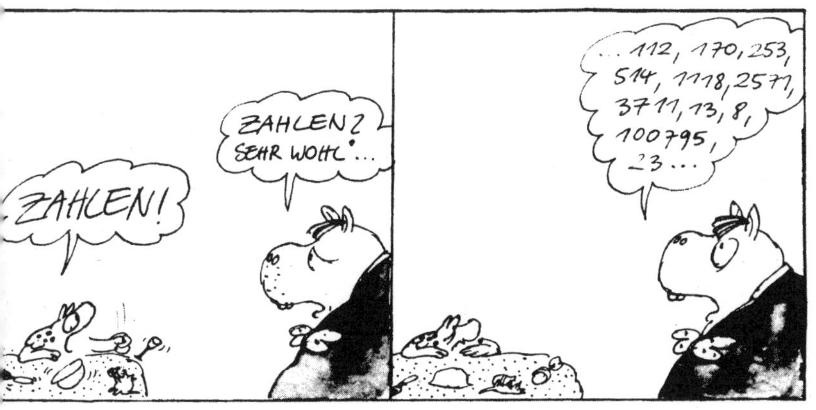
ZAHLEN!
ZAHLEN? SEHR WOHL...
...112, 170, 253, 514, 1118, 2571, 3711, 13, 8, 100795, 23...

Schnuffi und die Wunderlampe

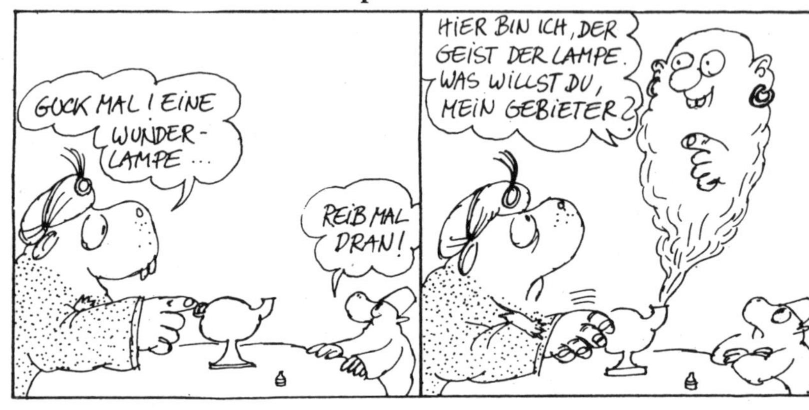

Im Krankenhaus

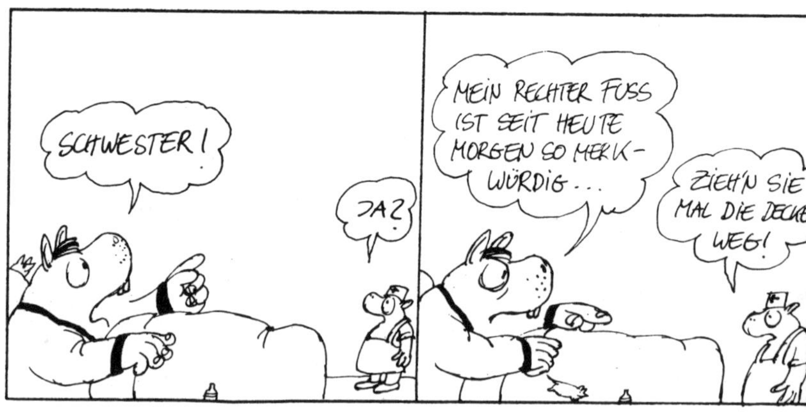

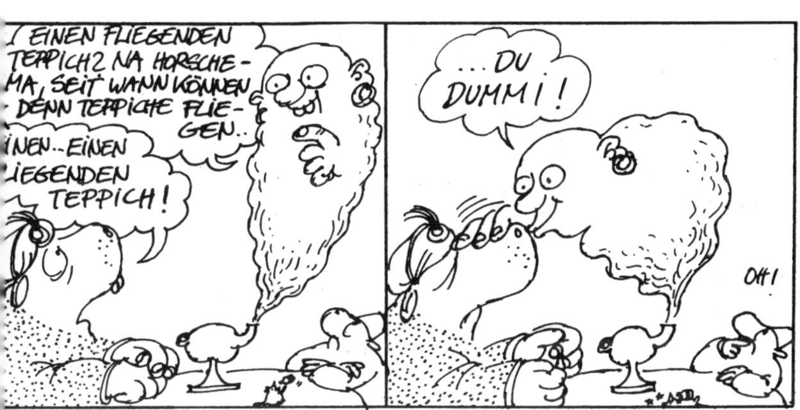
EINEN FLIEGENDEN TEPPICH? NA HORSCHEMA, SEIT WANN KÖNNEN DENN TEPPICHE FLIEGEN..
INEN..EINEN LIEGENDEN TEPPICH!
...DU DUMMI!
OH!

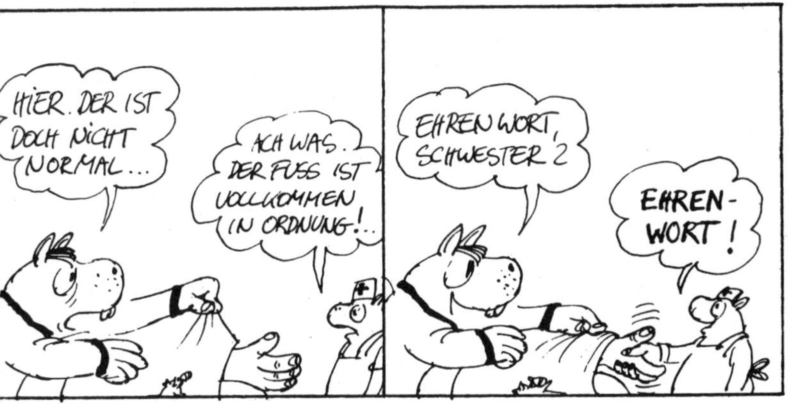
HIER. DER IST DOCH NICHT NORMAL...
ACH WAS. DER FUSS IST VOLLKOMMEN IN ORDNUNG!..
EHRENWORT, SCHWESTER?
EHREN-WORT!

Schnuffi, tätowiert

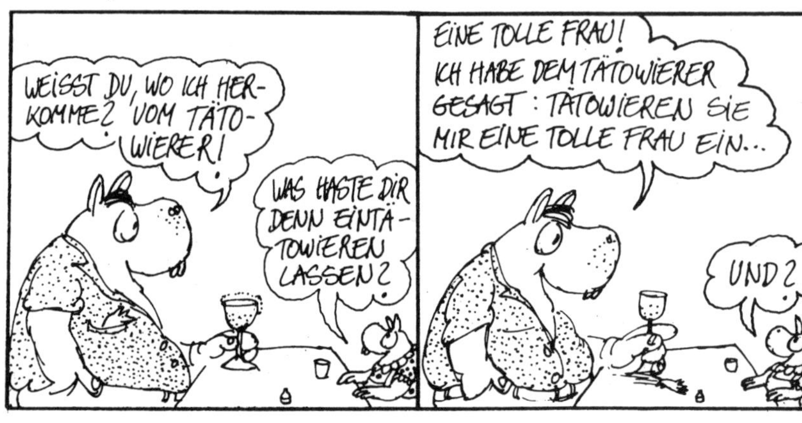

Elektriker Schnuffi

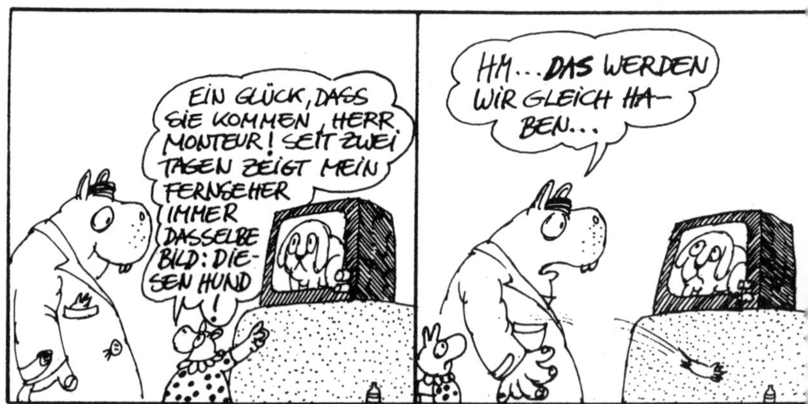

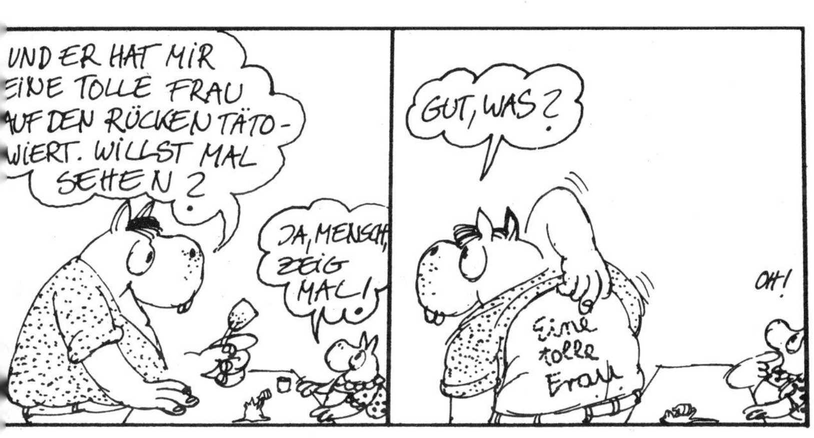
UND ER HAT MIR EINE TOLLE FRAU UF DEN RÜCKEN TÄTO- WIERT. WILLST MAL SEHEN ?
JA, MENSCH, ZEIG MAL!
GUT, WAS ?
Eine tolle Frau
OH!

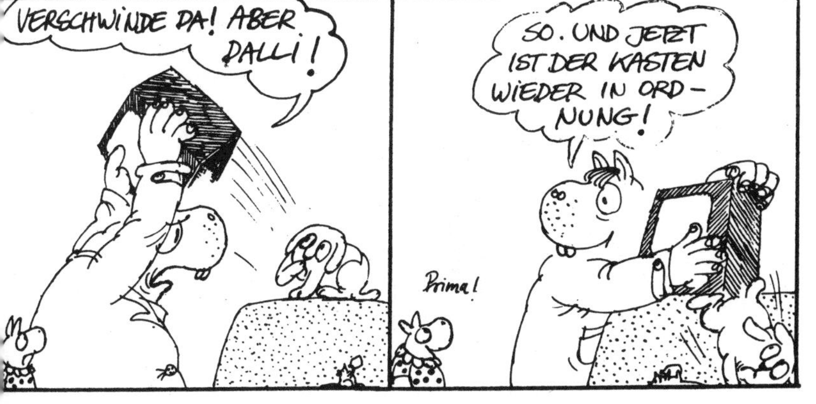
VERSCHWINDE DA! ABER DALLI!
Prima!
SO. UND JETZT IST DER KASTEN WIEDER IN ORD- NUNG!

Beim Arzt I

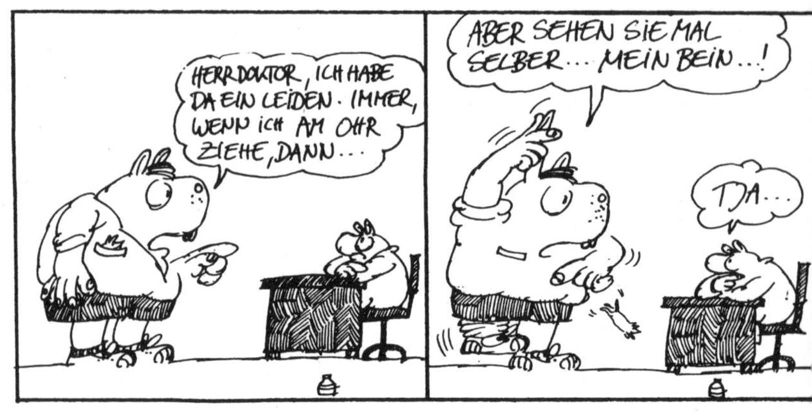

Im Restaurant IV

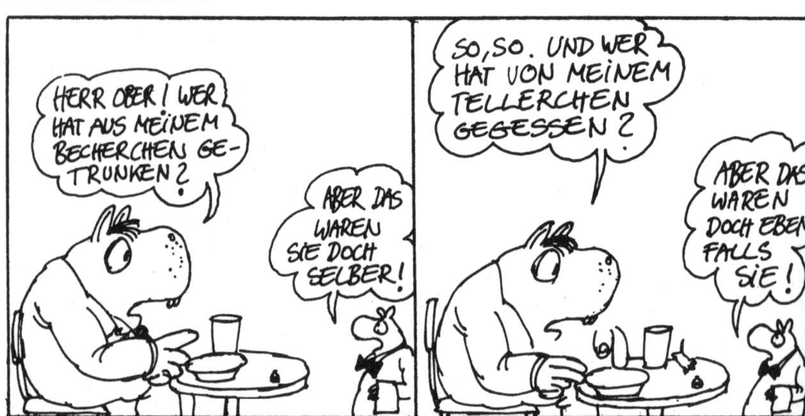

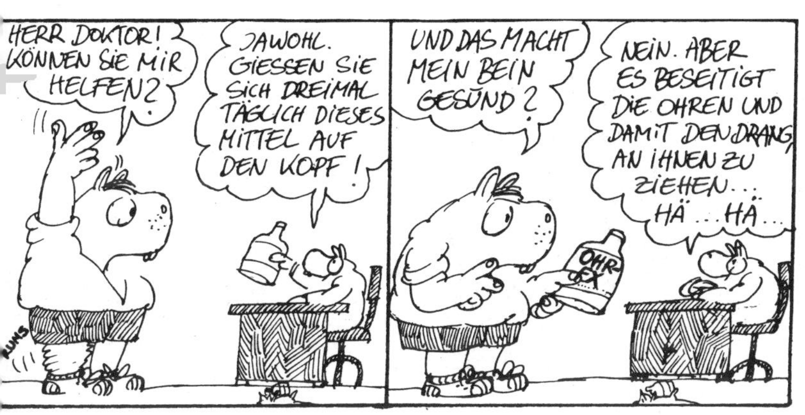
HERR DOKTOR! KÖNNEN SIE MIR HELFEN?
RUMS
JAWOHL. GIESSEN SIE SICH DREIMAL TÄGLICH DIESES MITTEL AUF DEN KOPF!
UND DAS MACHT MEIN BEIN GESUND?
OHR-EX
NEIN. ABER ES BESEITIGT DIE OHREN UND DAMIT DEN DRANG, AN IHNEN ZU ZIEHEN... HÄ... HÄ...

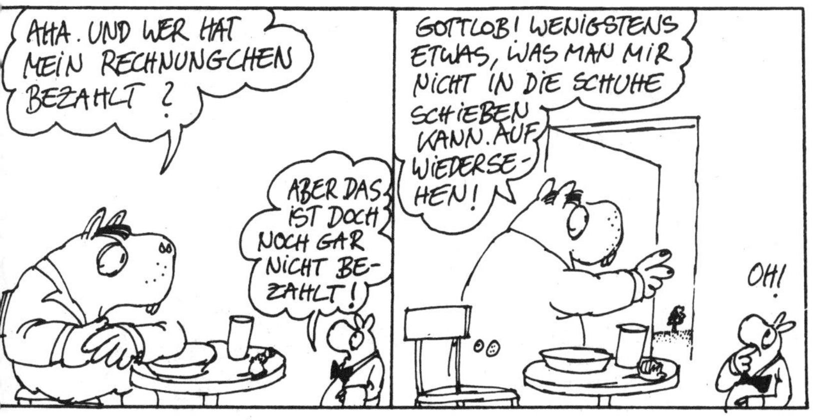
AHA. UND WER HAT MEIN RECHNUNGCHEN BEZAHLT?
ABER DAS IST DOCH NOCH GAR NICHT BE-ZAHLT!
GOTTLOB! WENIGSTENS ETWAS, WAS MAN MIR NICHT IN DIE SCHUHE SCHIEBEN KANN. AUF WIEDERSE-HEN!
OH!

Rapunzel, Rapunzel

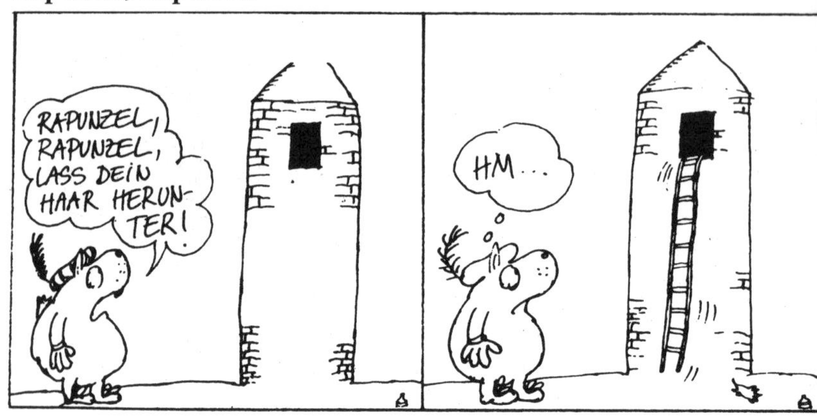

Im Morgenland

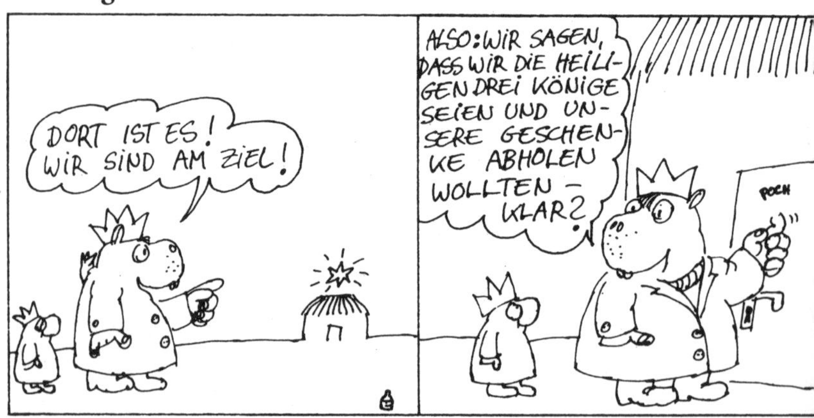

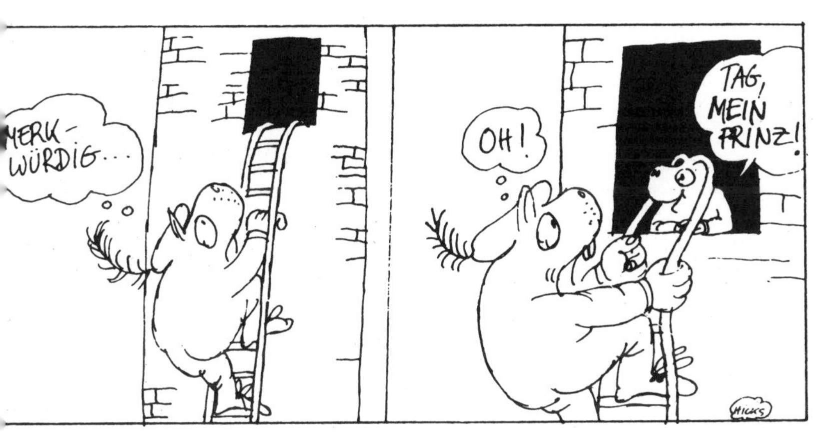
MERK-WÜRDIG...
OH!
TAG, MEIN PRINZ!

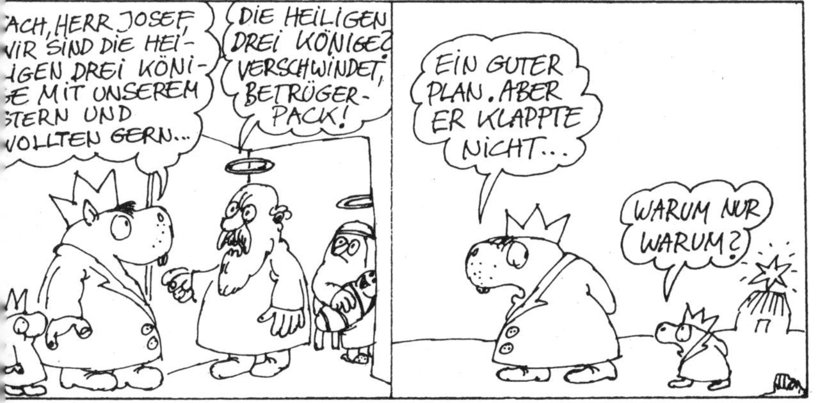
ACH, HERR JOSEF, WIR SIND DIE HEI-LIGEN DREI KÖNI-GE MIT UNSEREM STERN UND WOLLTEN GERN...
DIE HEILIGEN DREI KÖNIGE? VERSCHWINDET, BETRÜGER-PACK!
EIN GUTER PLAN. ABER ER KLAPPTE NICHT...
WARUM NUR WARUM?

Der Sturz

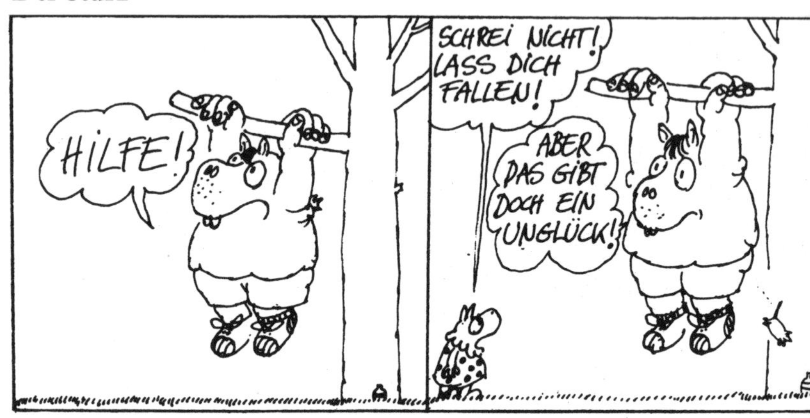

Zeichnerbeschwörung

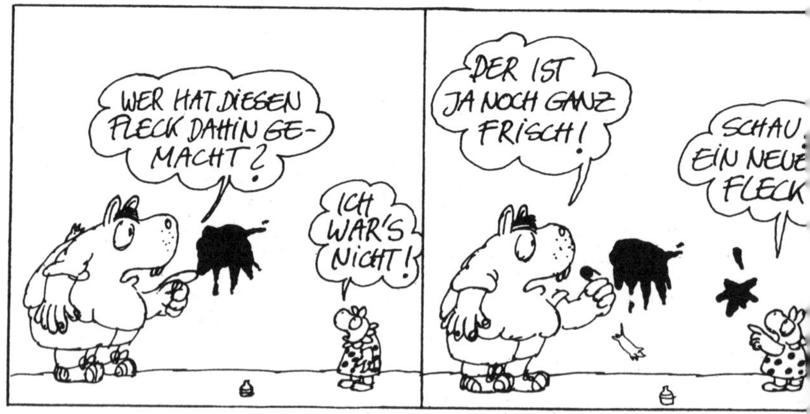

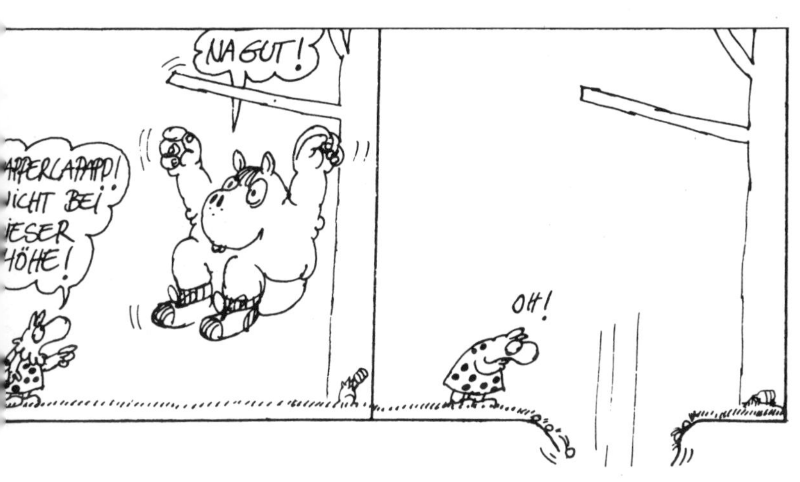
APPERLAPAPP! ICHT BEI IESER HÖHE!
NA GUT!
OH!

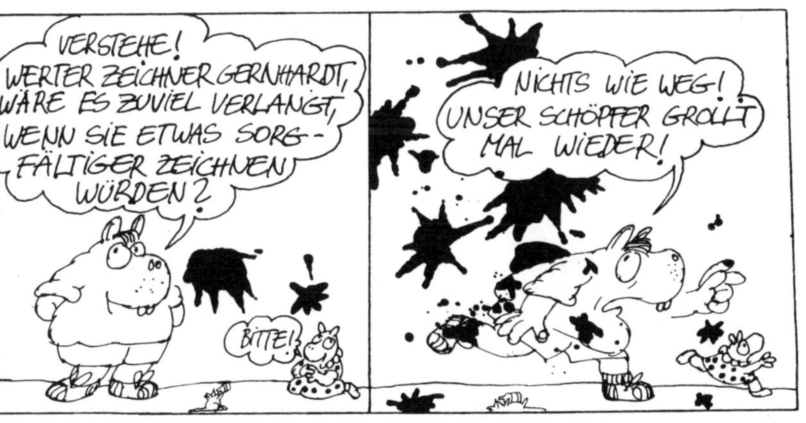
VERSTEHE! WERTER ZEICHNER GERNHARDT, WÄRE ES ZUVIEL VERLANGT, WENN SIE ETWAS SORGFÄLTIGER ZEICHNEN WÜRDEN?
BITTE!
NICHTS WIE WEG! UNSER SCHÖPFER GROLLT MAL WIEDER!

Ein Mann und sein Weg

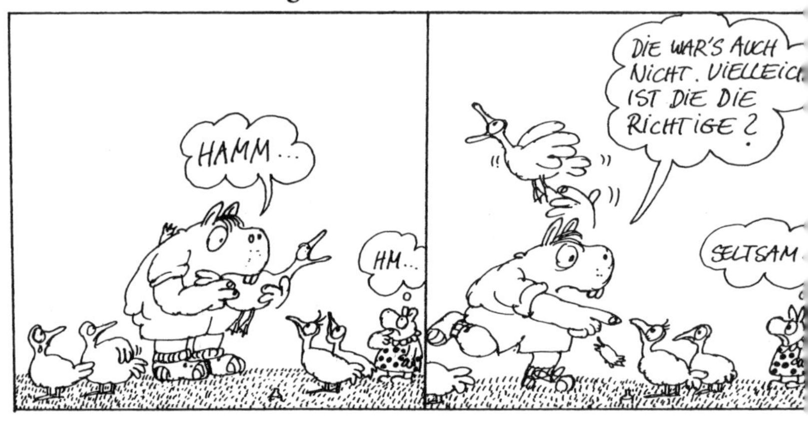

Fakir Schnuffi

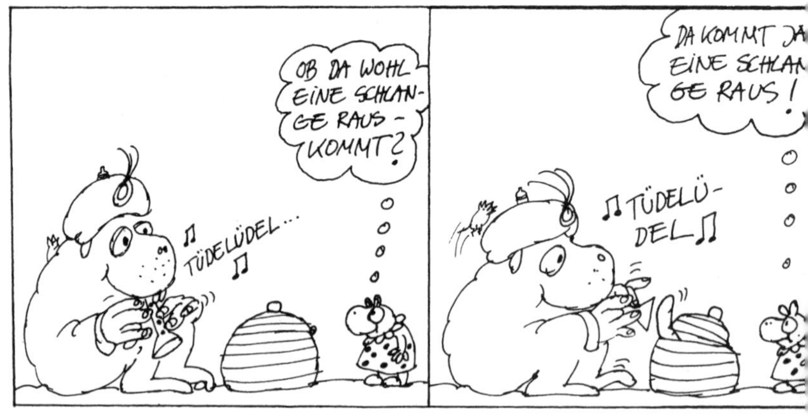

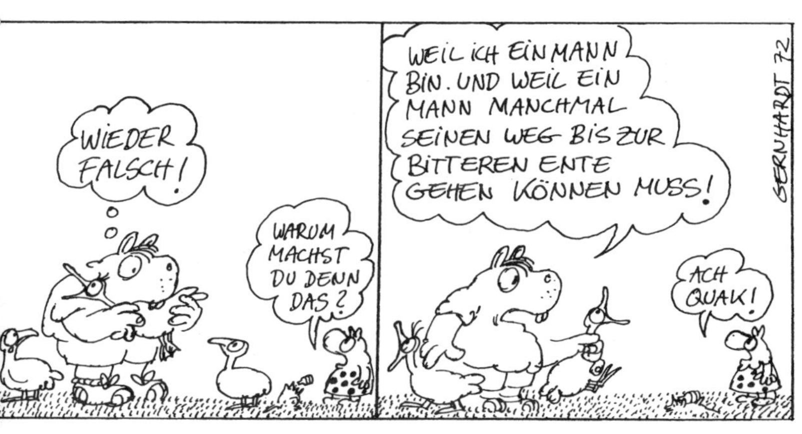
WIEDER FALSCH!
WARUM MACHST DU DENN DAS?
WEIL ICH EIN MANN BIN. UND WEIL EIN MANN MANCHMAL SEINEN WEG BIS ZUR BITTEREN ENTE GEHEN KÖNNEN MUSS!
ACH QUAK!
GERNHARDT 72

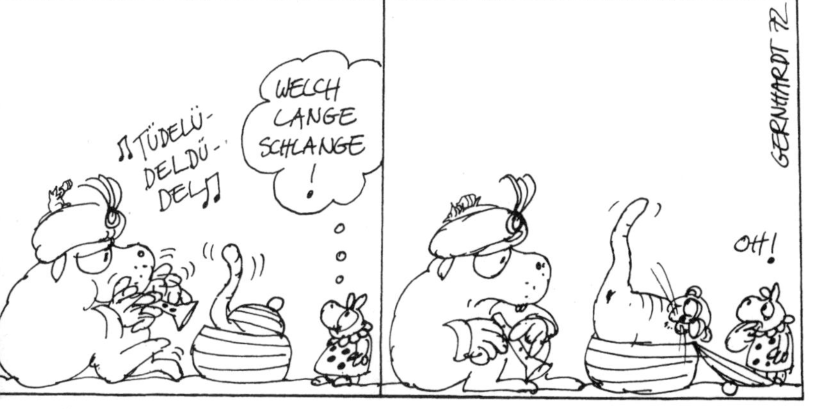
TÜDELÜ-DELDÜ-DEL
WELCH LANGE SCHLANGE!
OH!
GERNHARDT 72

Die Mängelrüge

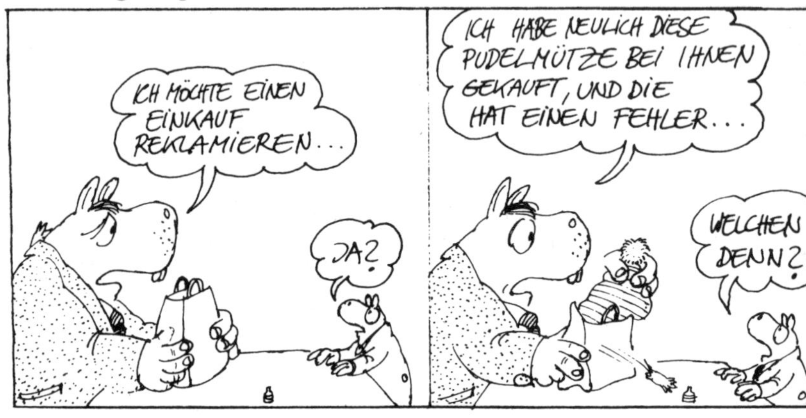

Vulkan Schnuffi

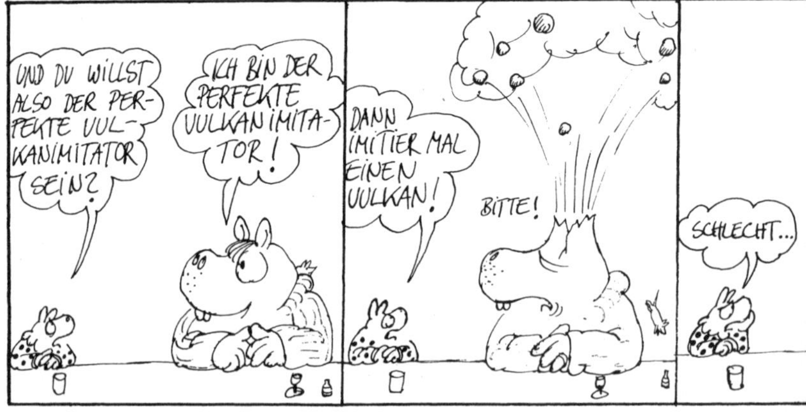

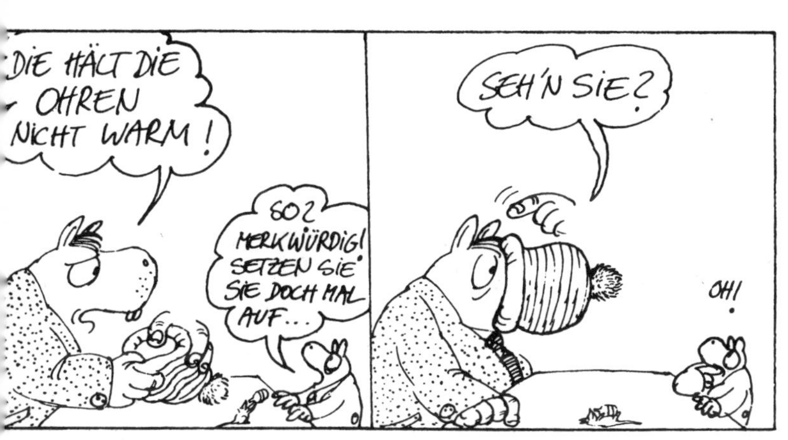
DIE HÄLT DIE OHREN NICHT WARM!
SO? MERKWÜRDIG! SETZEN SIE SIE DOCH MAL AUF...
SEH'N SIE?
OH!

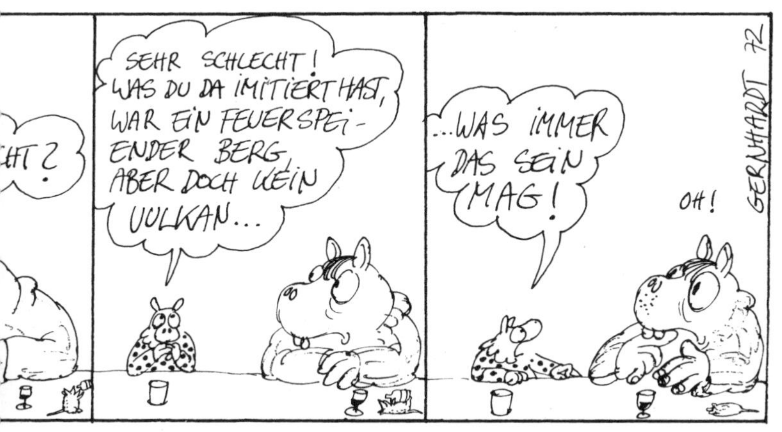
SEHR SCHLECHT! WAS DU DA IMITIERT HAST, WAR EIN FEUERSPEI-ENDER BERG, ABER DOCH KEIN VULKAN...
...WAS IMMER DAS SEIN MAG!
OH!
GERNHARDT 72

Kammersänger Schnuffi

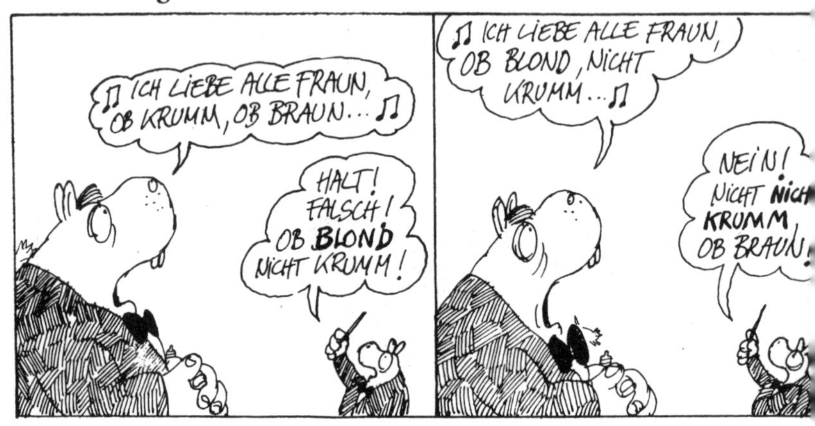

Der Maler und sein Modell

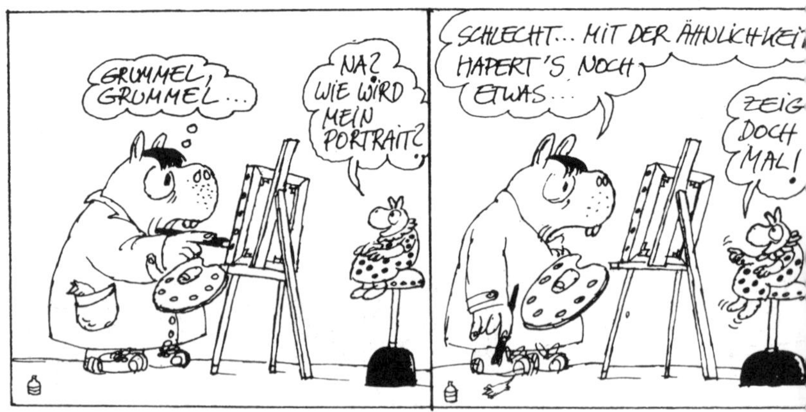

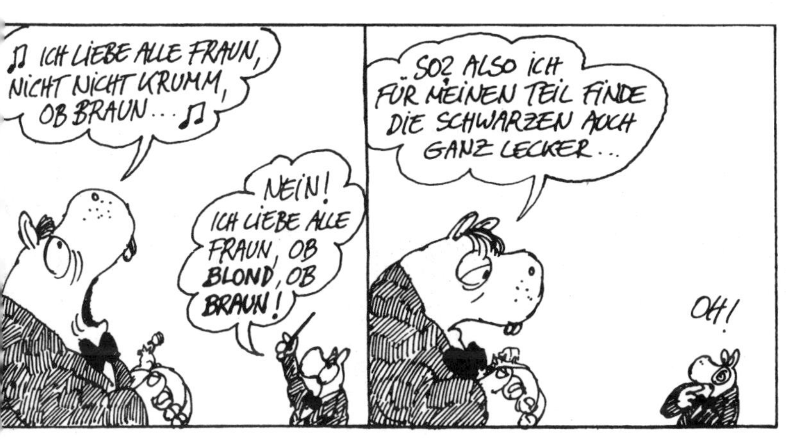
♫ ICH LIEBE ALLE FRAUN, NICHT NICHT KRUMM, OB BRAUN... ♫
NEIN! ICH LIEBE ALLE FRAUN, OB BLOND, OB BRAUN!
SO? ALSO ICH FÜR MEINEN TEIL FINDE DIE SCHWARZEN AUCH GANZ LECKER...
OH!

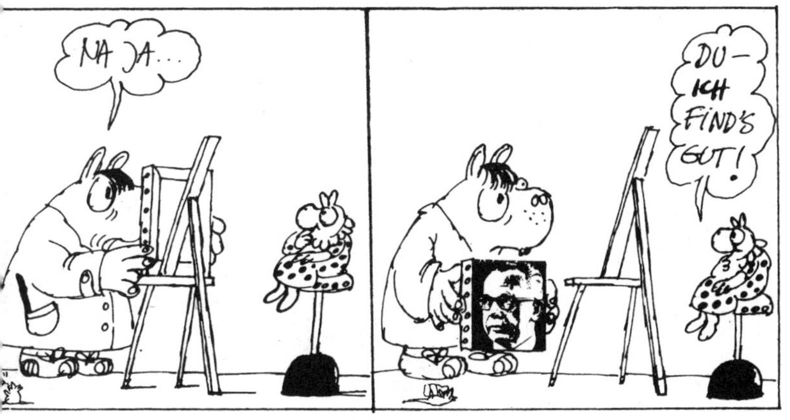
NA JA...
DU – ICH FIND'S GUT!

Der Jäger und sein Opfer

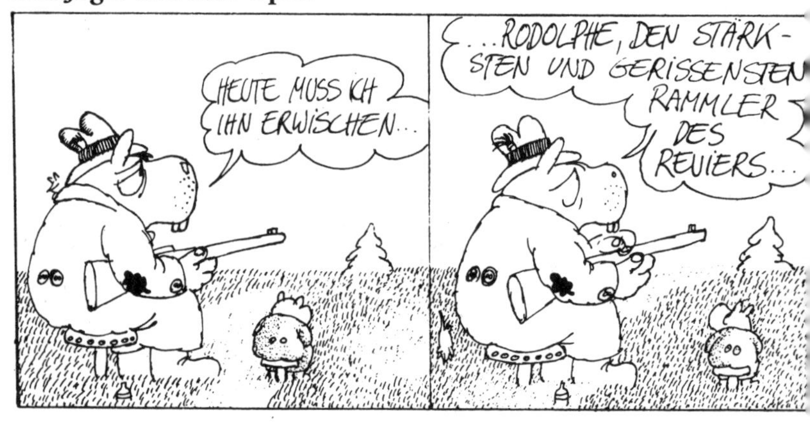

Die Welt als Vorstellung

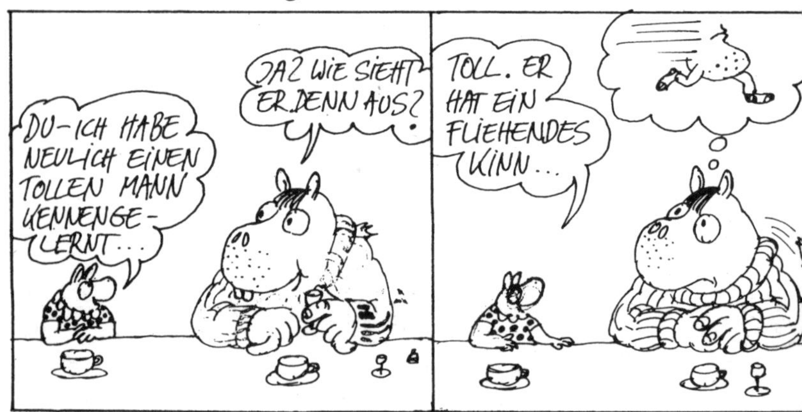

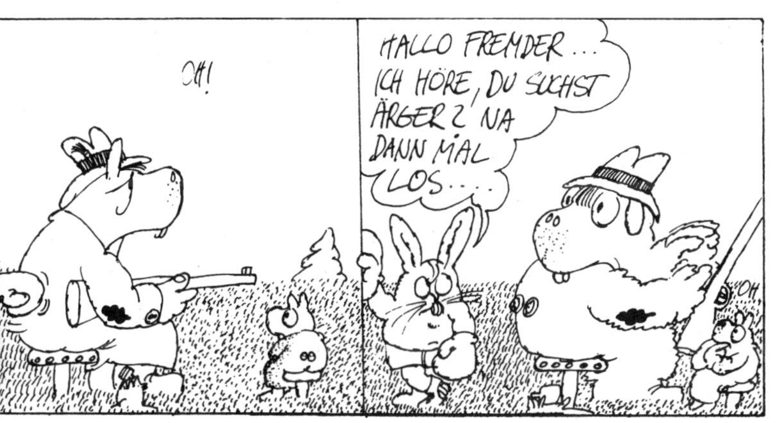
OH!
HALLO FREMDER ... ICH HÖRE, DU SUCHST ÄRGER? NA DANN MAL LOS....
OH

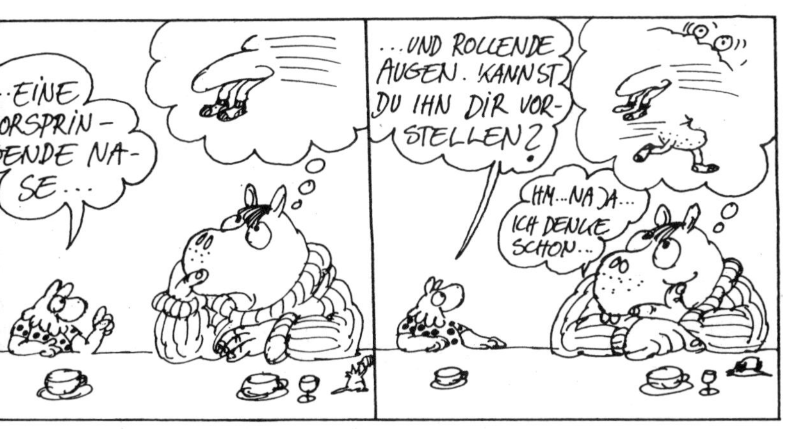
..EINE VORSPRINGENDE NASE...
...UND ROLLENDE AUGEN. KANNST DU IHN DIR VORSTELLEN?
HM...NAJA... ICH DENKE SCHON...

Nacht für Nacht

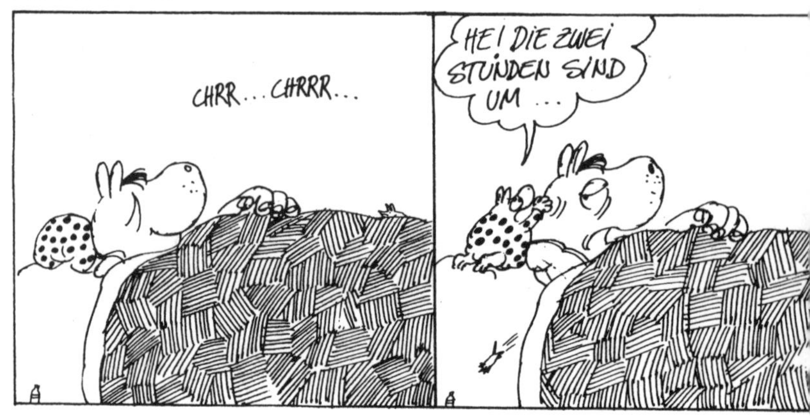

Schnuffi wirbt I

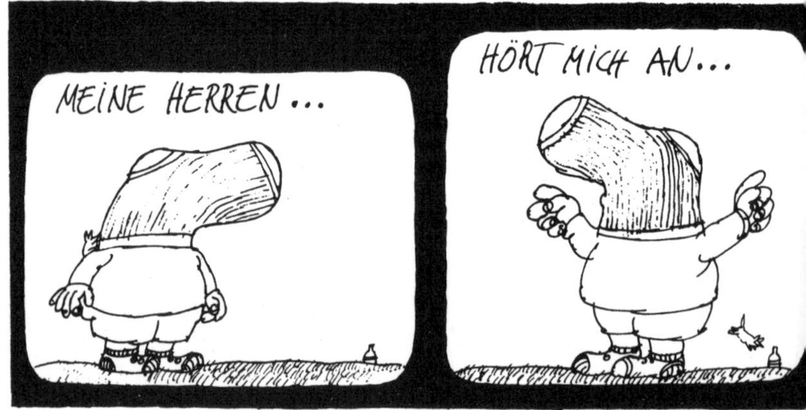

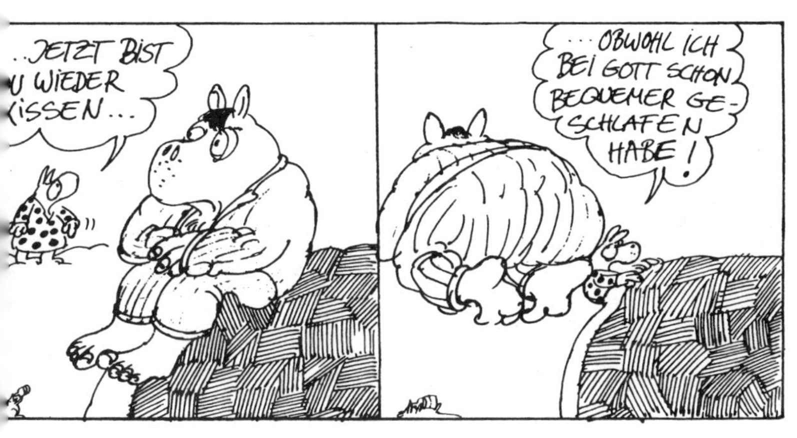
..JETZT BIST
U WIEDER
KISSEN...
...OBWOHL ICH
BEI GOTT SCHON
BEQUEMER GE-
SCHLAFEN
HABE!

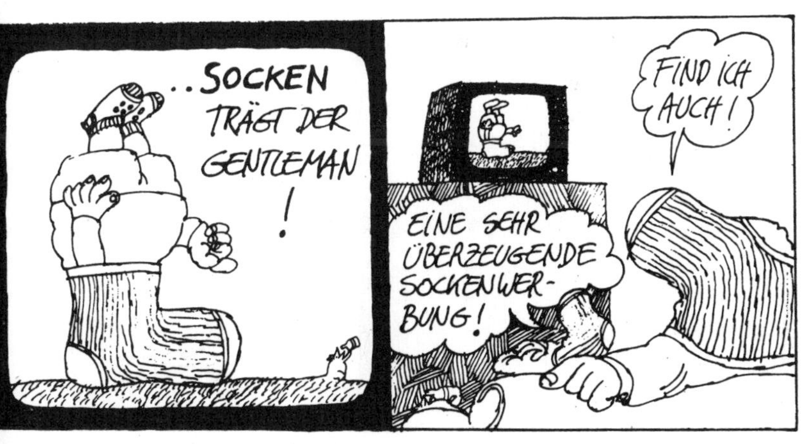
..SOCKEN
TRÄGT DER
GENTLEMAN
!
FIND ICH
AUCH!
EINE SEHR
ÜBERZEUGENDE
SOCKENWER-
BUNG!

Der Kugelschreiber

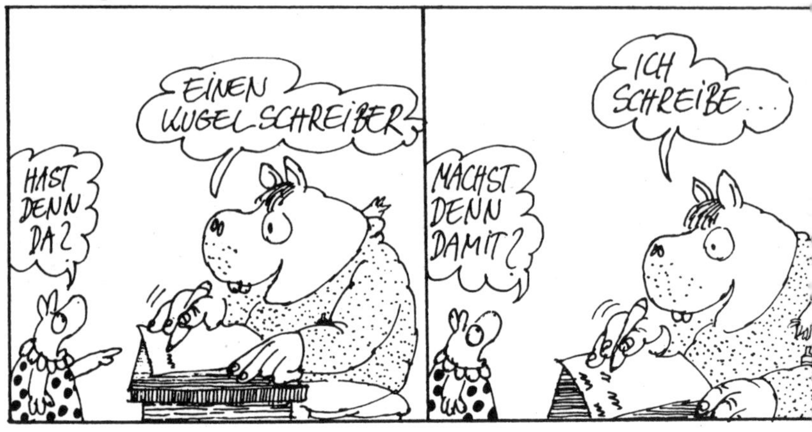

ER

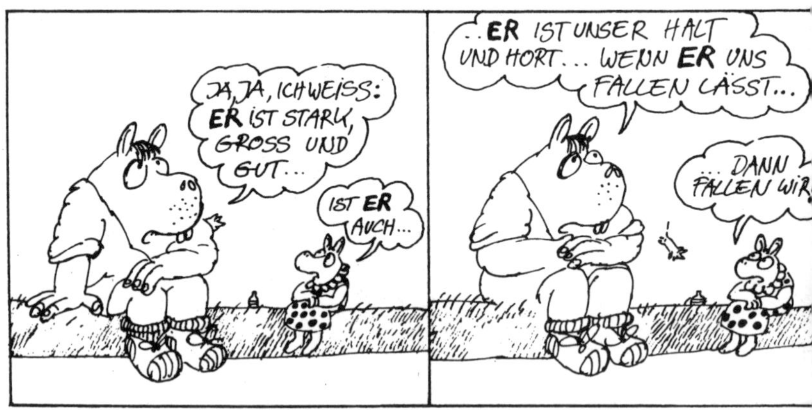

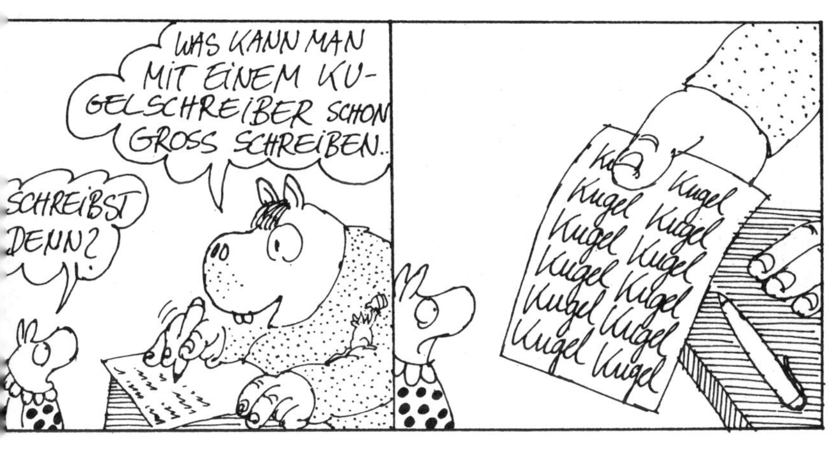
SCHREIBST DENN?
WAS KANN MAN MIT EINEM KUGELSCHREIBER SCHON GROSS SCHREIBEN..
Kugel Kugel Kugel Kugel Kugel Kugel Kugel Kugel Kugel Kugel Kugel Kugel

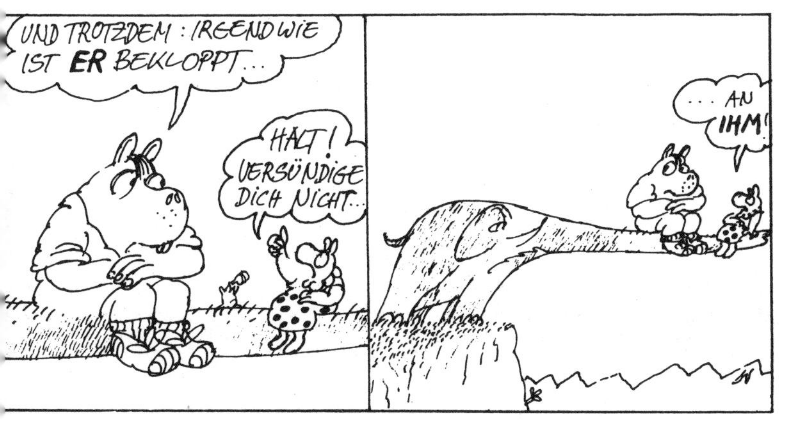
UND TROTZDEM: IRGENDWIE IST ER BEKLOPPT...
HALT! VERSÜNDIGE DICH NICHT...
... AN IHM!

Narziß Schnuffi

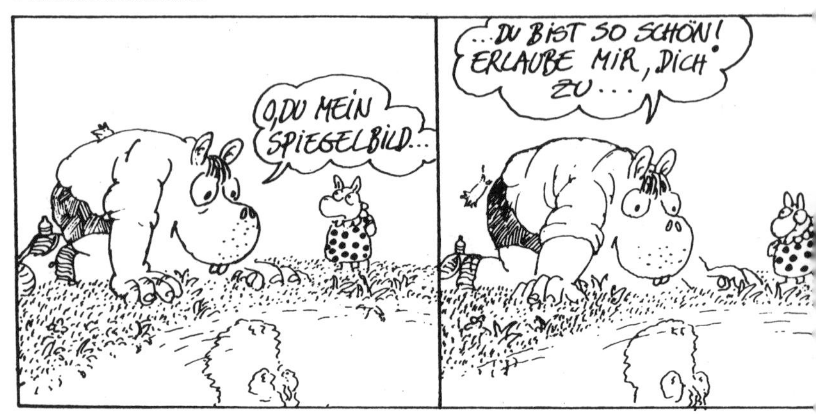

In der Fremde

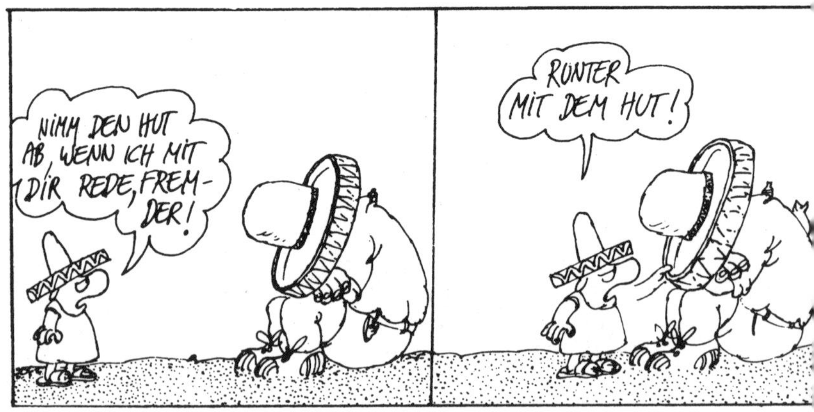

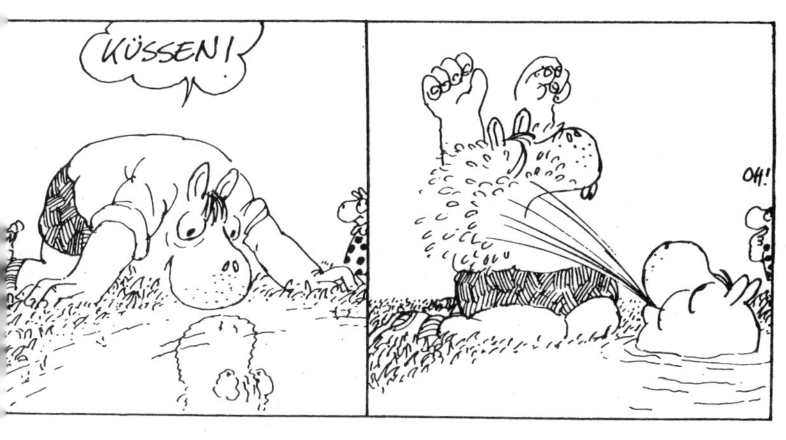
KÜSSEN!
OH!

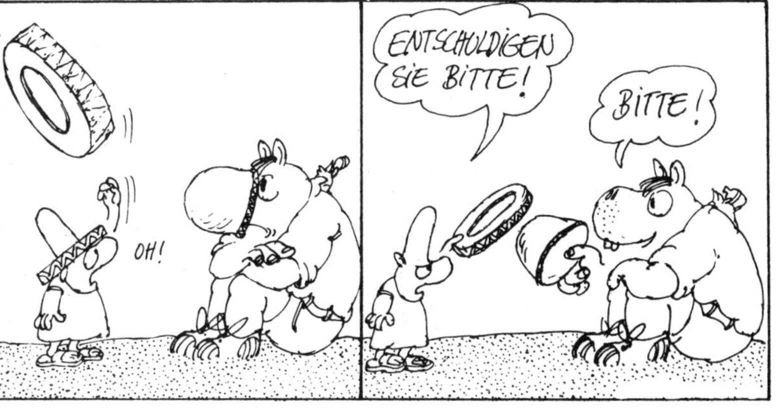
OH!
ENTSCHULDIGEN SIE BITTE!
BITTE!

In der Folterkammer

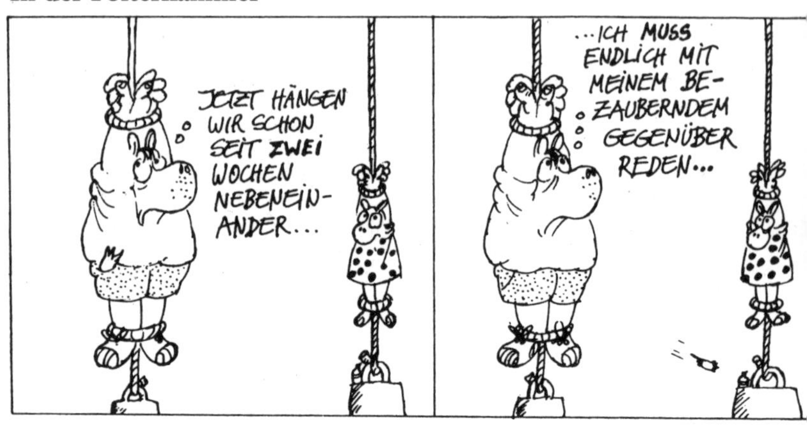

Schütze Schnuffi

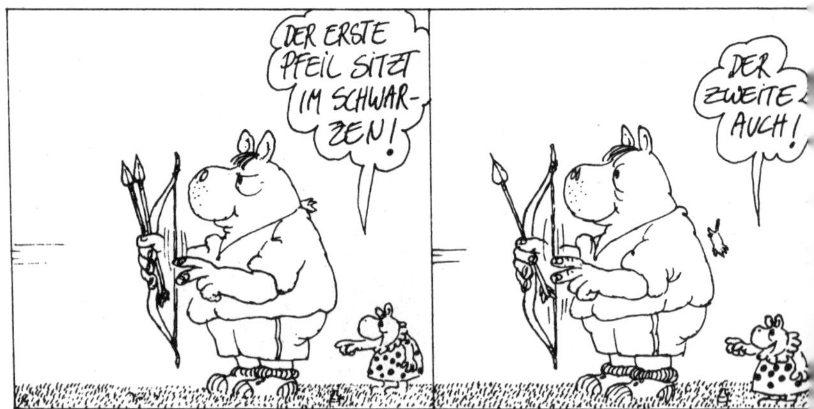

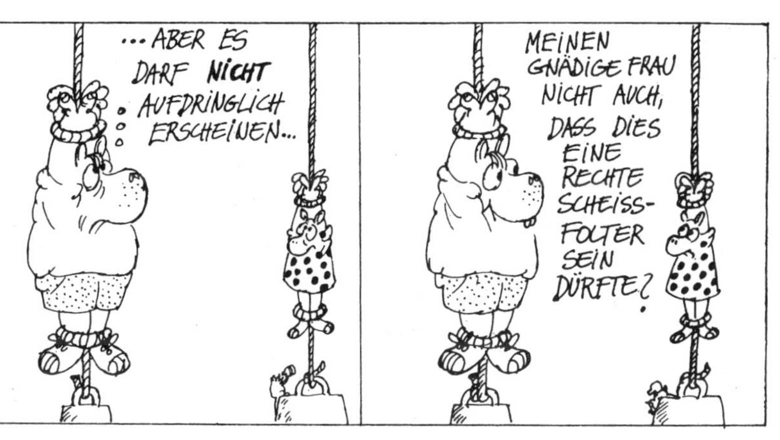
...ABER ES DARF **NICHT** AUFDRINGLICH ERSCHEINEN...
MEINEN GNÄDIGE FRAU NICHT AUCH, DASS DIES EINE RECHTE SCHEISS-FOLTER SEIN DÜRFTE?

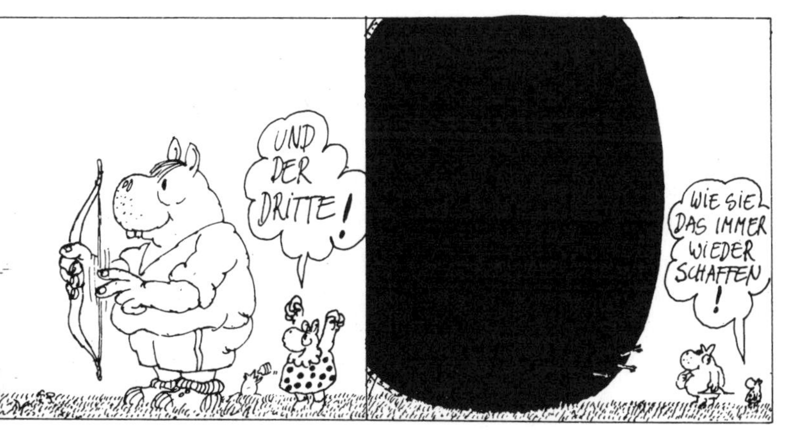
UND DER DRITTE!
WIE SIE DAS IMMER WIEDER SCHAFFEN!

Wort für Wort wahr

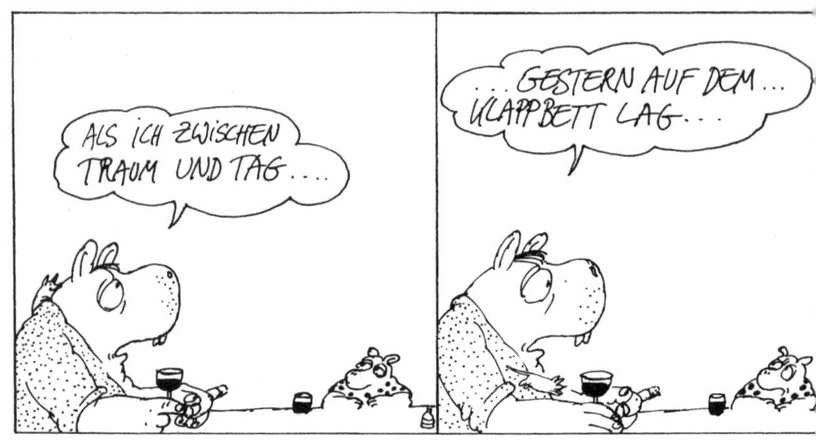

Eine gewagte These

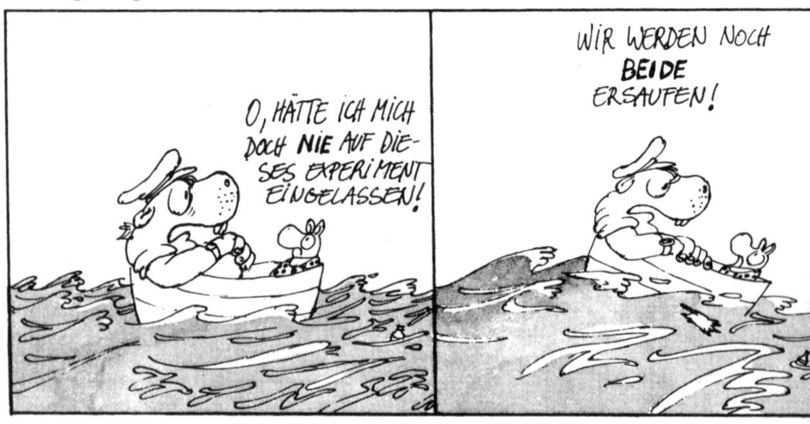

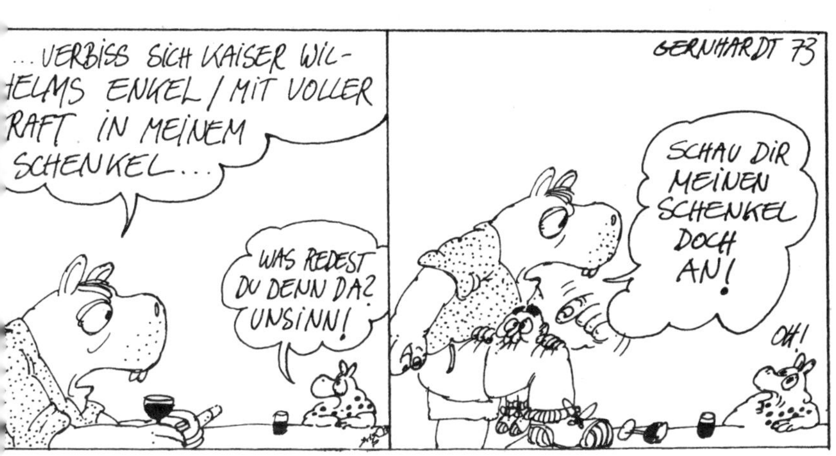
…VERBISS SICH KAISER WIL-
HELMS ENKEL / MIT VOLLER
RAFT IN MEINEM
SCHENKEL…
WAS REDEST DU DENN DA? UNSINN!
GERNHARDT 73
SCHAU DIR MEINEN SCHENKEL DOCH AN!
OH!

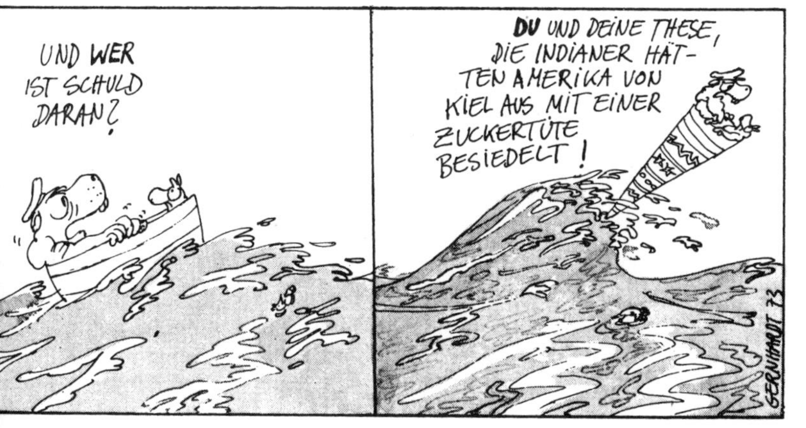
UND WER IST SCHULD DARAN?
DU UND DEINE THESE, DIE INDIANER HÄTTEN AMERIKA VON KIEL AUS MIT EINER ZUCKERTÜTE BESIEDELT!
GERNHARDT 73

Die Botschaft des Maulwurfs Moses

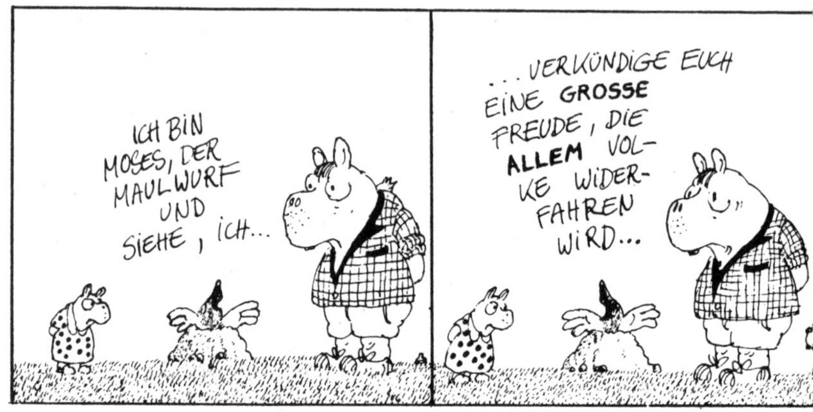

Im Restaurant V

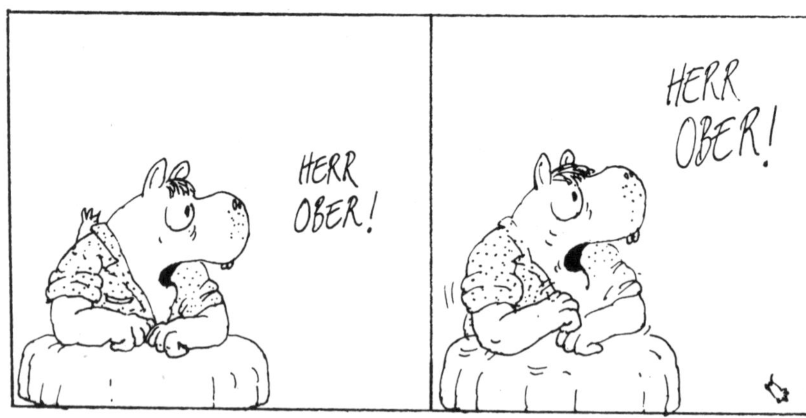

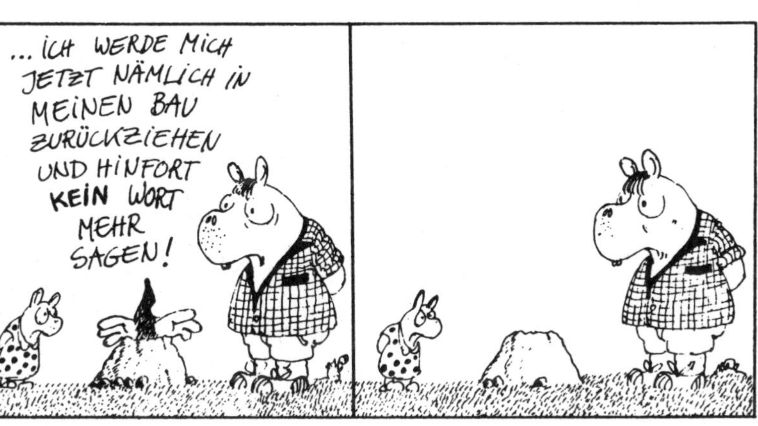
... ICH WERDE MICH JETZT NÄMLICH IN MEINEN BAU ZURÜCKZIEHEN UND HINFORT KEIN WORT MEHR SAGEN!

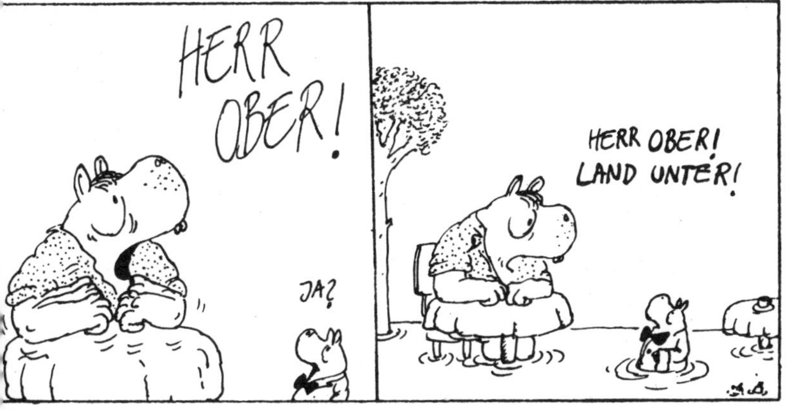
HERR OBER!
JA?
HERR OBER! LAND UNTER!

Der Linienrichter

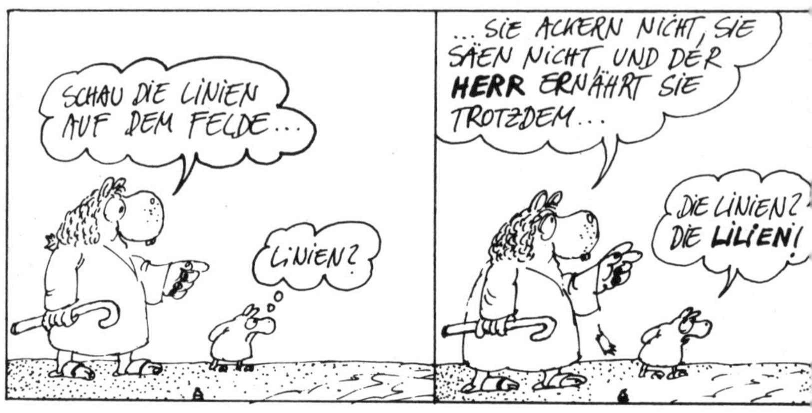

Die Gehaltserhöhung

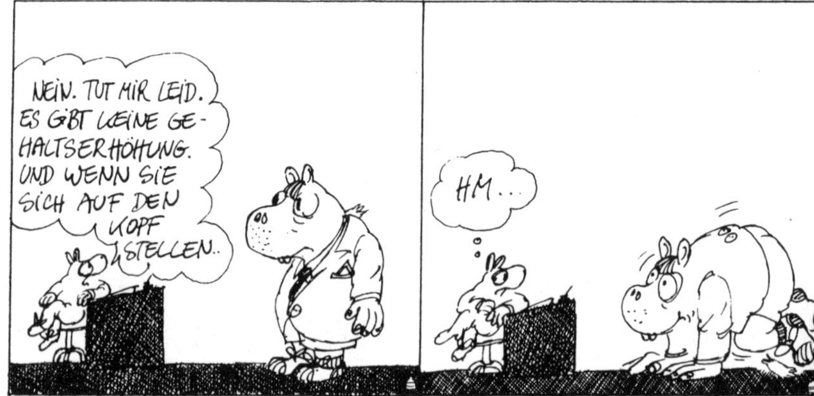

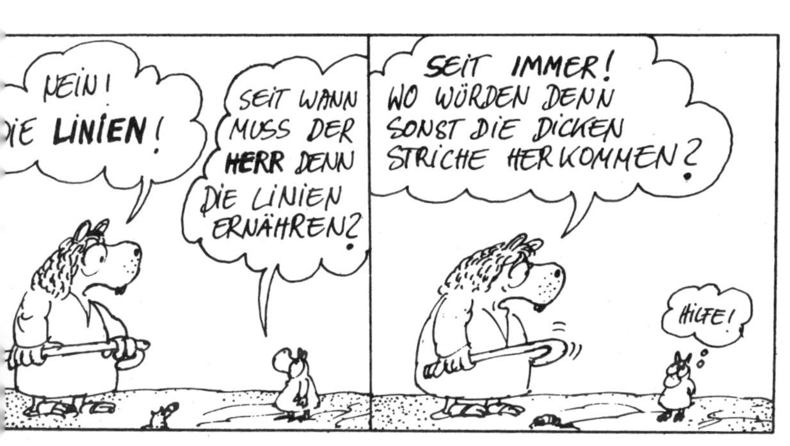
NEIN!
DIE LINIEN!
SEIT WANN MUSS DER HERR DENN DIE LINIEN ERNÄHREN?
SEIT IMMER! WO WÜRDEN DENN SONST DIE DICKEN STRICHE HERKOMMEN?
HILFE!

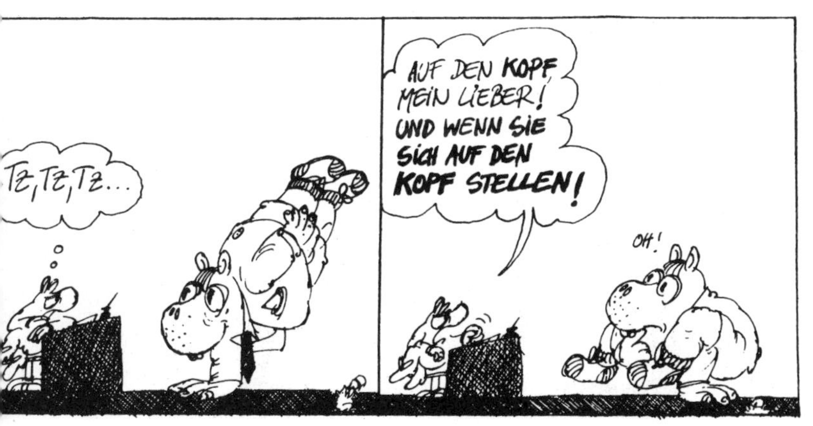
TZ, TZ, TZ...
AUF DEN KOPF, MEIN LIEBER! UND WENN SIE SICH AUF DEN KOPF STELLEN!
OH!

Im Restaurant VI

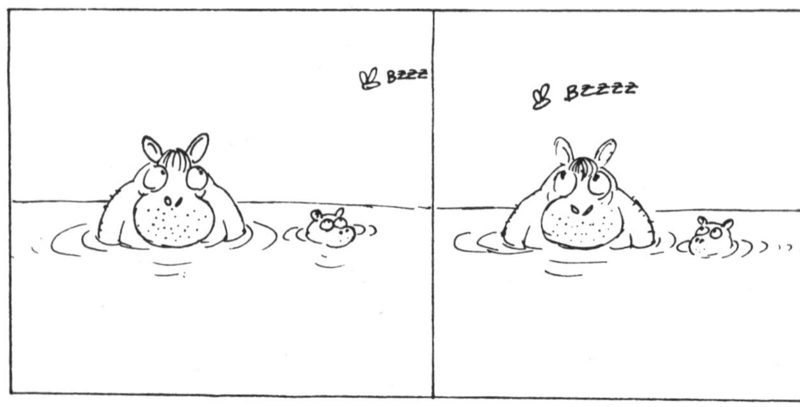

Die praktische Vernunft

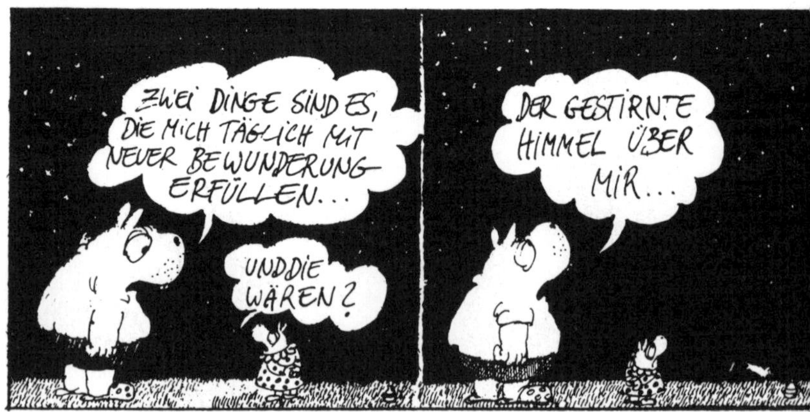

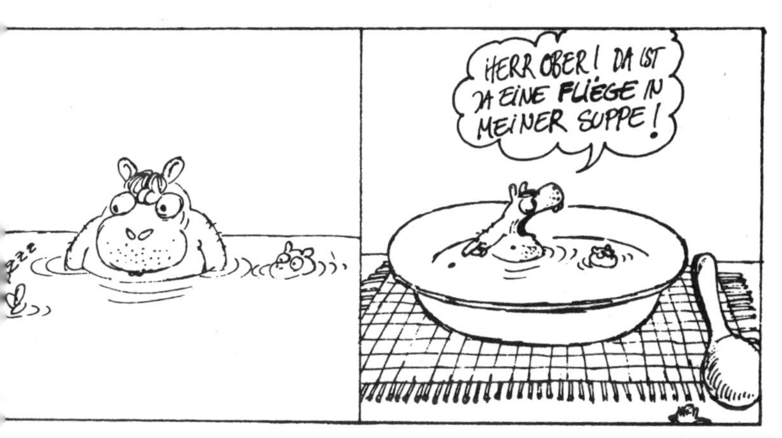

HERR OBER! DA IST JA EINE FLIEGE IN MEINER SUPPE!

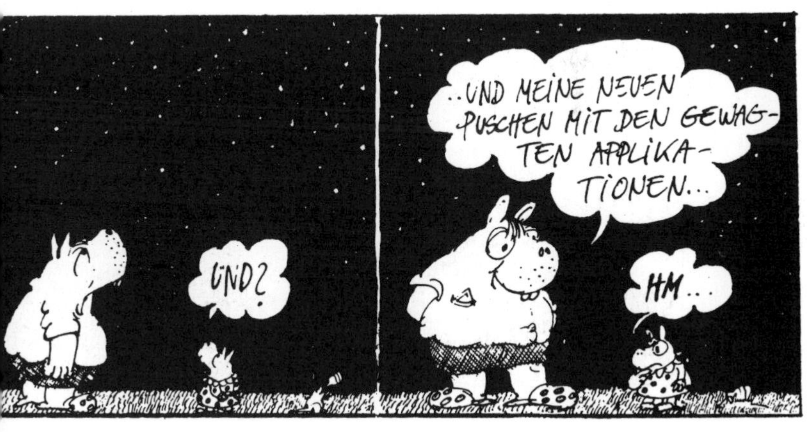

UND?
..UND MEINE NEUEN PUSCHEN MIT DEN GEWAG-TEN APPLIKA-TIONEN...
HM...

Vor dem Gericht

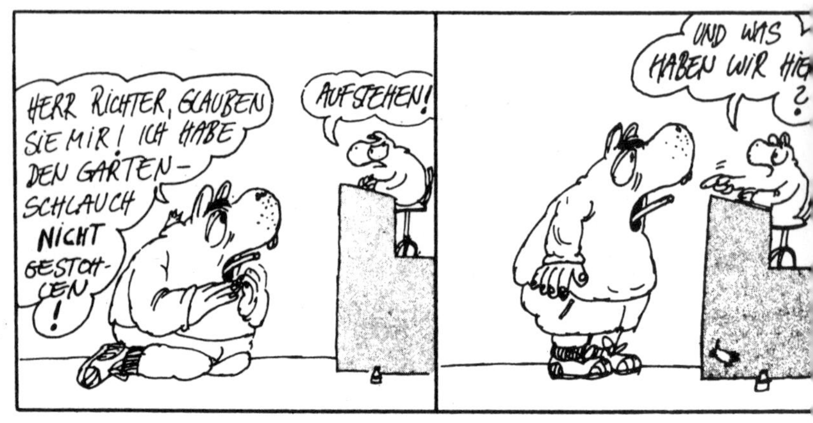

Land der Reime

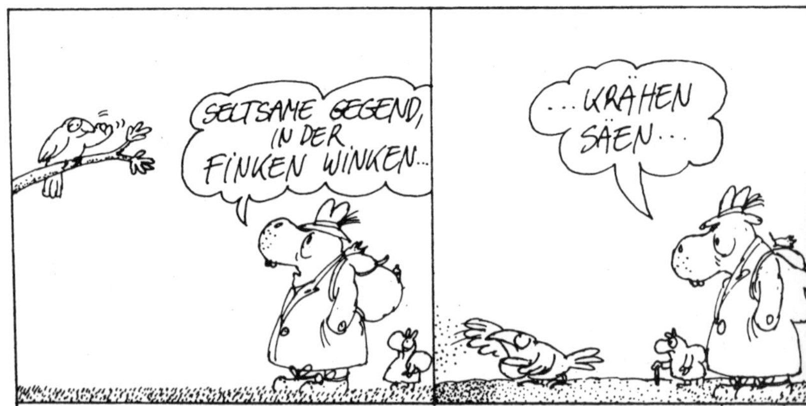

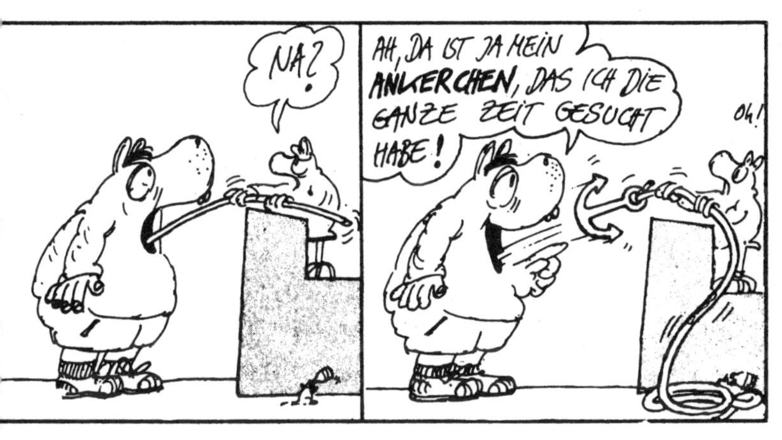
NA?
AH, DA IST JA MEIN ANKERCHEN, DAS ICH DIE GANZE ZEIT GESUCHT HABE!
Oh!

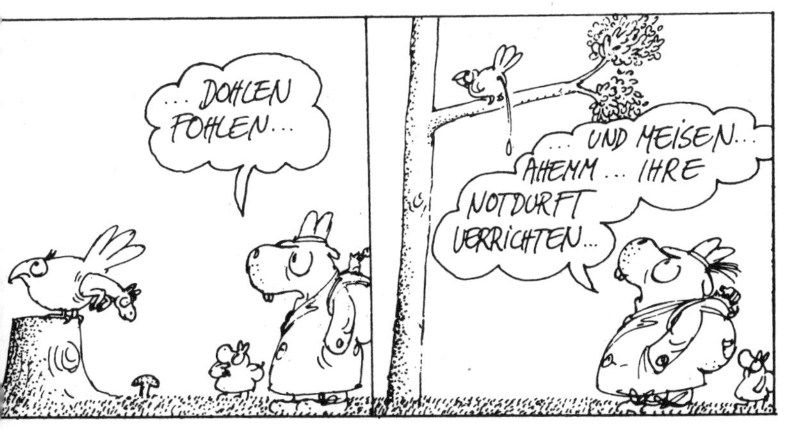
... DOHLEN FOHLEN...
... UND MEISEN...
AHEMM ... IHRE NOTDURFT VERRICHTEN...

Im Restaurant VII

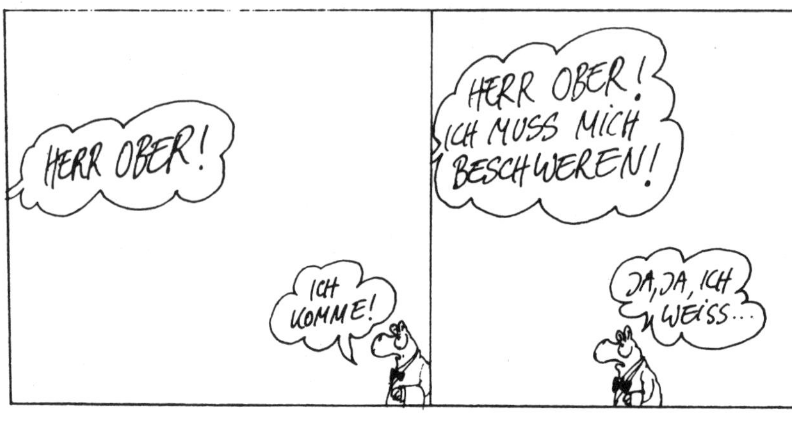

Schnuffi wirbt II

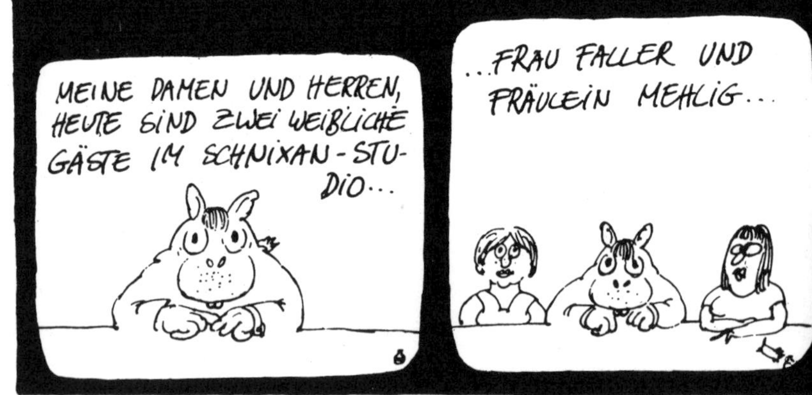

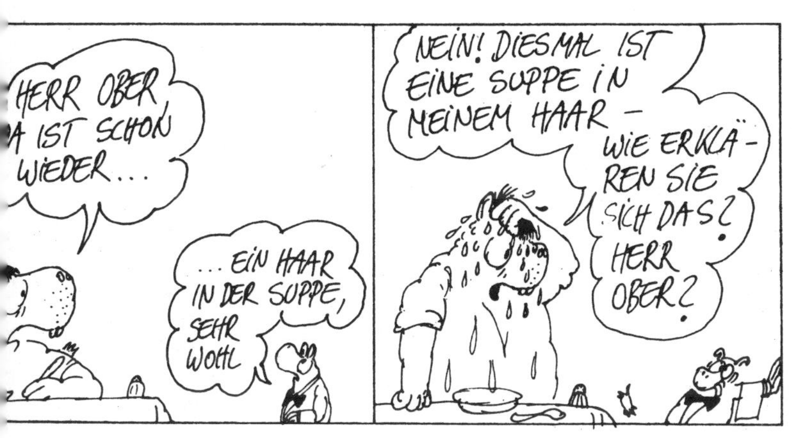
HERR OBER, DA IST SCHON WIEDER…
… EIN HAAR IN DER SUPPE, SEHR WOHL
NEIN! DIESMAL IST EINE SUPPE IN MEINEM HAAR –
WIE ERKLÄREN SIE SICH DAS? HERR OBER?

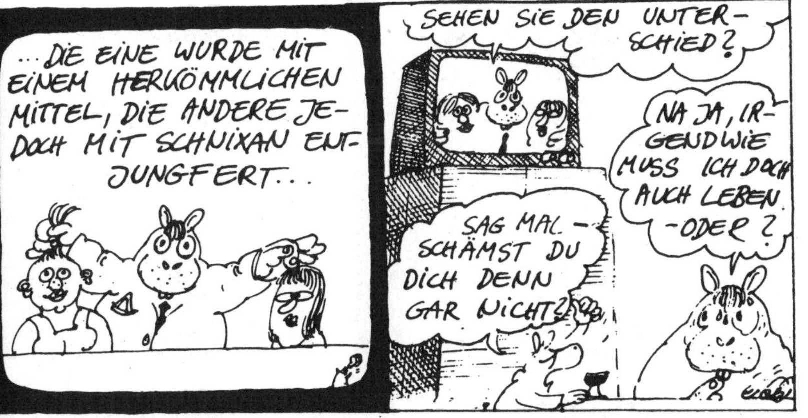
… DIE EINE WURDE MIT EINEM HERKÖMMLICHEN MITTEL, DIE ANDERE JEDOCH MIT SCHNIXAN ENTJUNGFERT…
SEHEN SIE DEN UNTERSCHIED?
NA JA, IRGENDWIE MUSS ICH DOCH AUCH LEBEN. – ODER?
SAG MAL – SCHÄMST DU DICH DENN GAR NICHT?

Überschrift

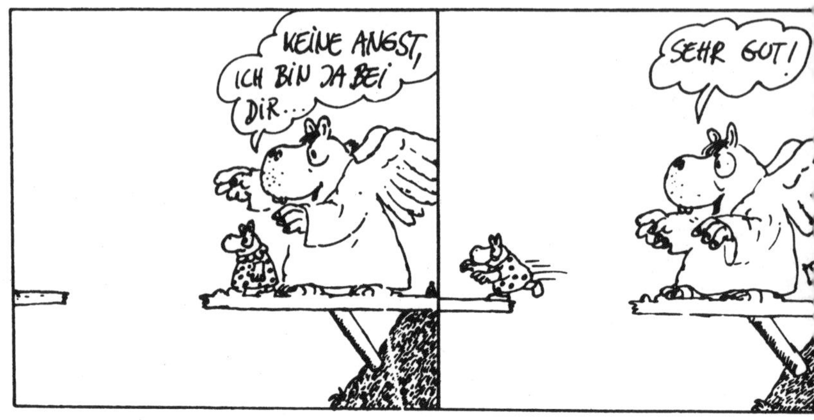

O la la, Paris!

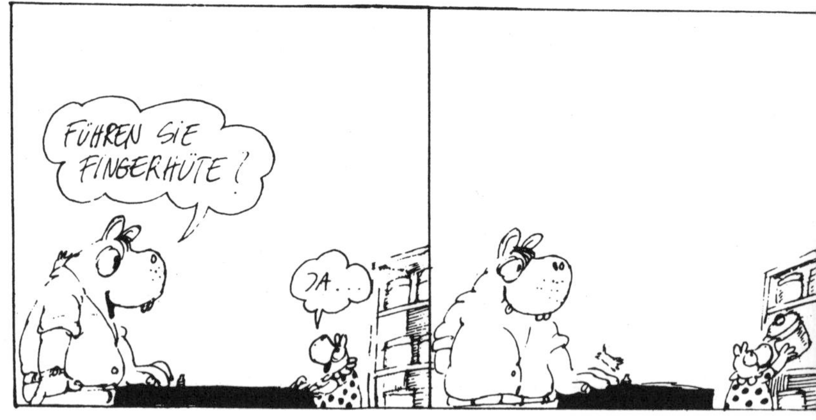

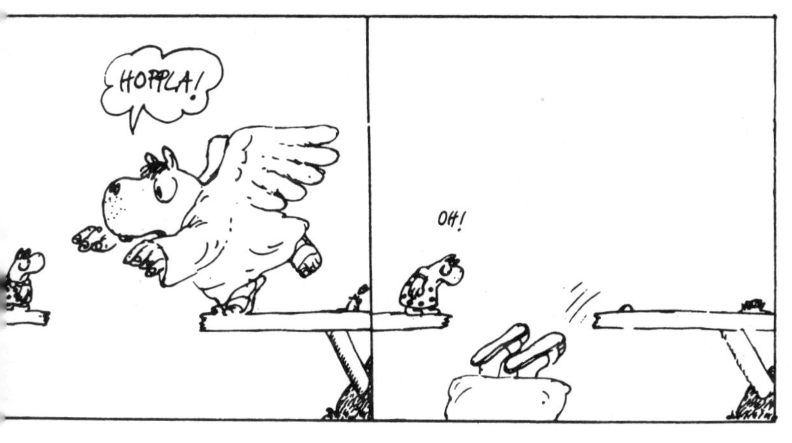
HOPPLA!
OH!

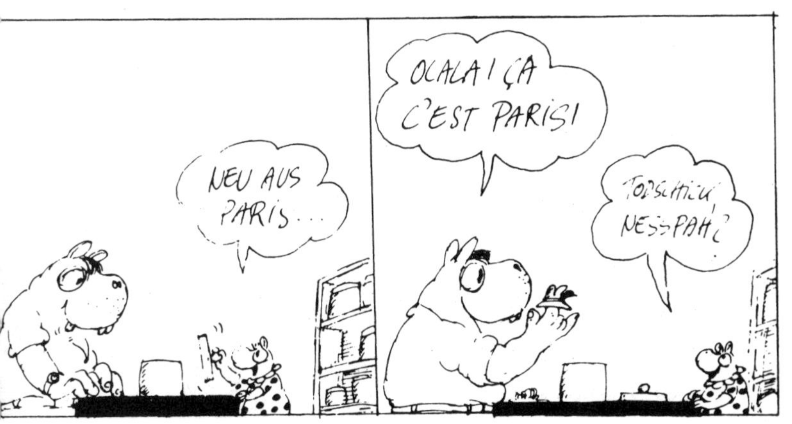
NEU AUS PARIS...
OLALA! ÇA C'EST PARIS!
TODSCHICK, NESSPAH?

Der Ring des Schnuffi

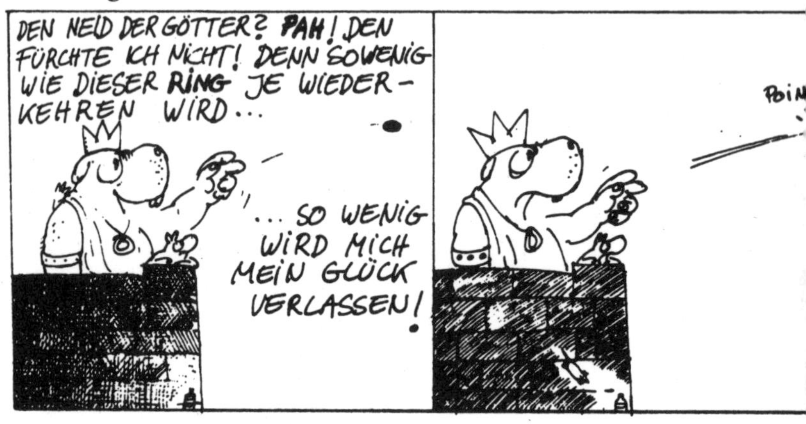

In Hellas

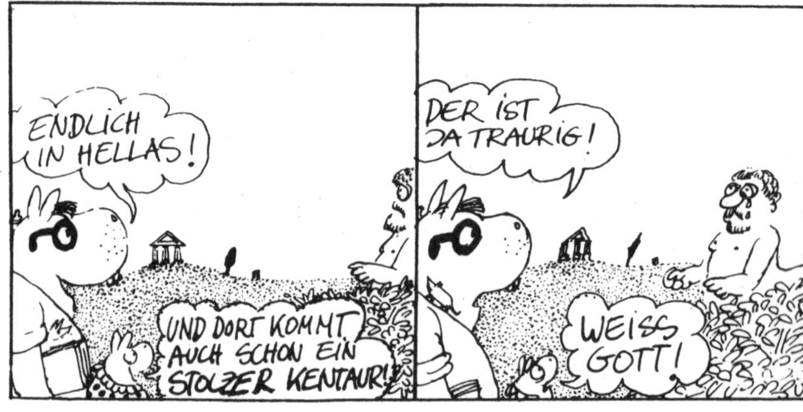

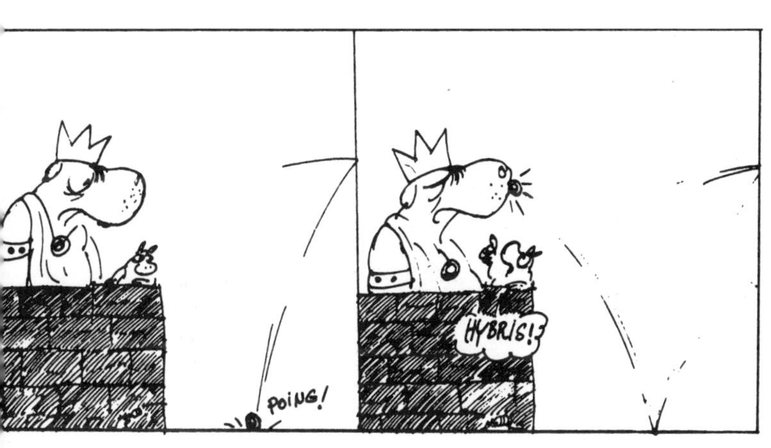
POING!
HYBRIS!

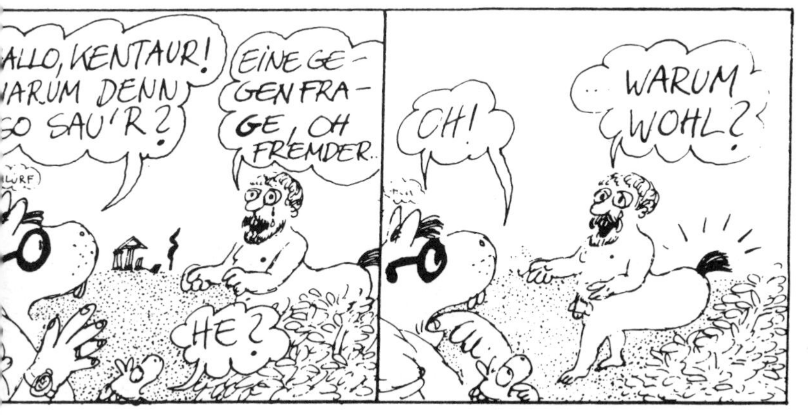
ALLO, KENTAUR! ARUM DENN O SAU'R?
EINE GEGENFRAGE, OH FREMDER...
HE?
OH!
WARUM WOHL?

Das Beistelltischchen

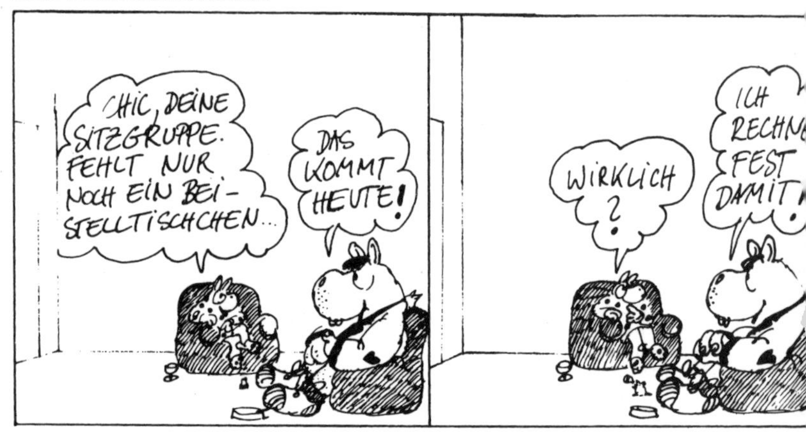

Exorzismus II

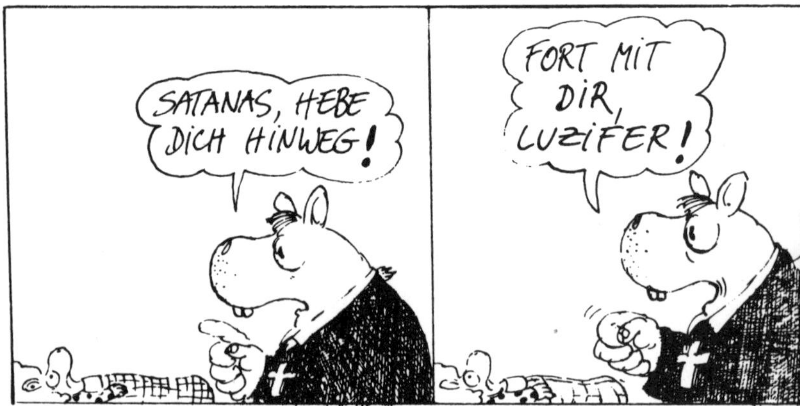

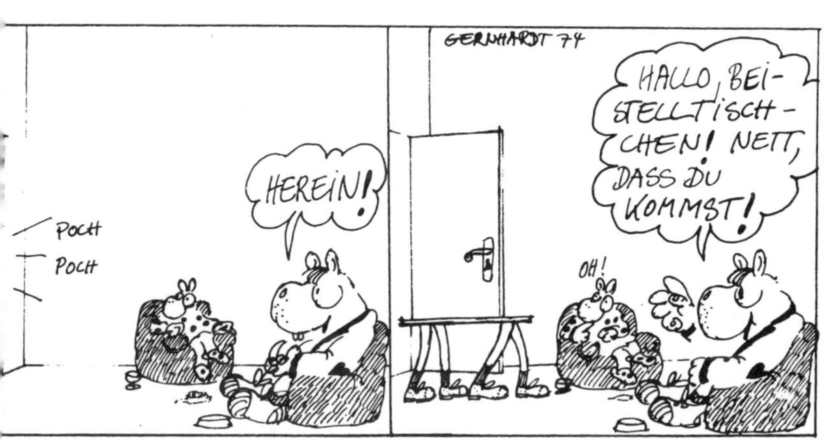
POCH
POCH
HEREIN!
GERNHARDT 74
HALLO, BEI-STELLTISCH-CHEN! NETT, DASS DU KOMMST!
OH!

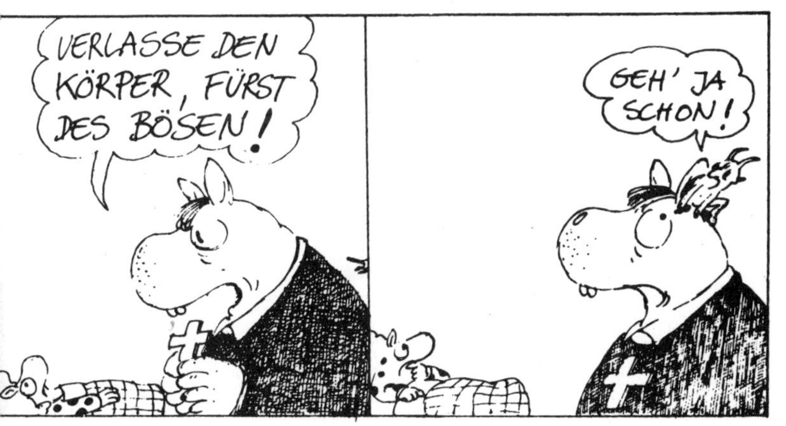
VERLASSE DEN KÖRPER, FÜRST DES BÖSEN!
GEH' JA SCHON!

Vertreter Schnuffi

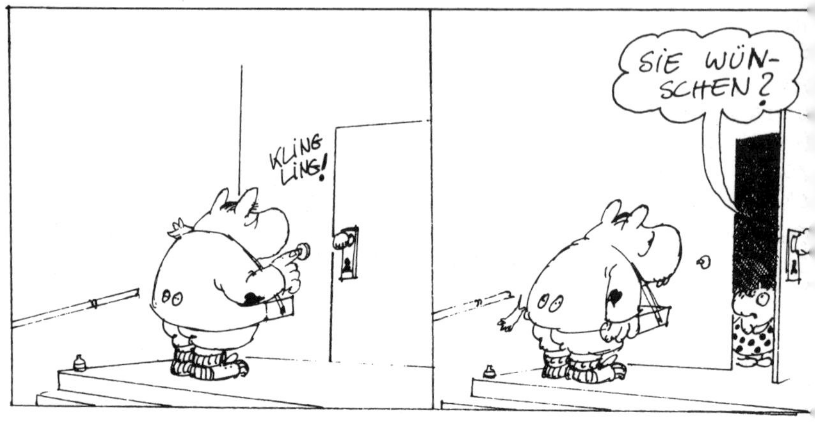

Beim Arzt II

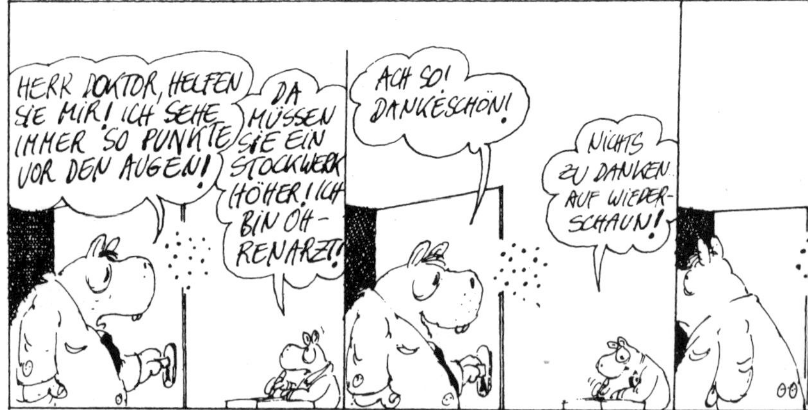

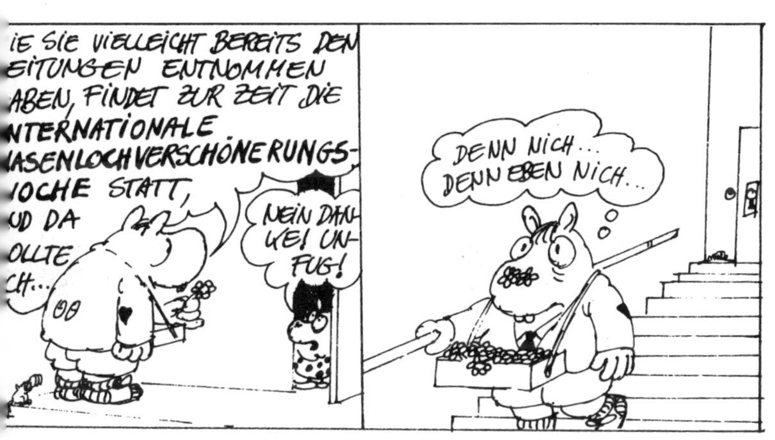
IE SIE VIELLEICHT BEREITS DEN
EITUNGEN ENTNOMMEN
ABEN, FINDET ZUR ZEIT DIE
NTERNATIONALE
ASENLOCHVERSCHÖNERUNGS-
IOCHE STATT,
UD DA
OLLTE
CH...
NEIN DANKE! UNFUG!
DENN NICH...
DENN EBEN NICH...

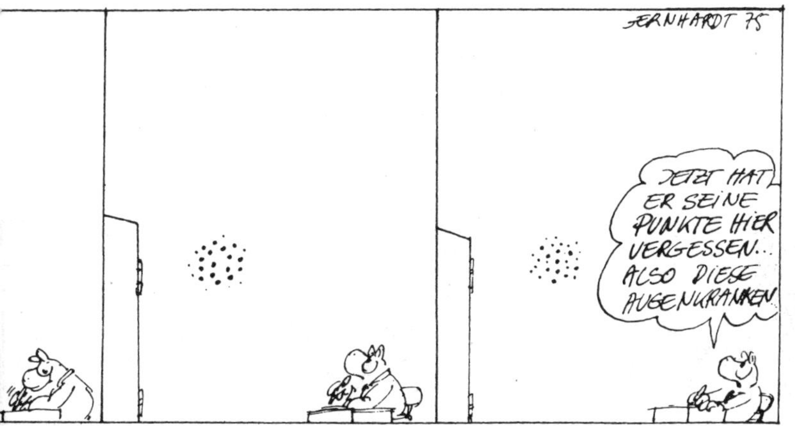
GERNHARDT 75
JETZT HAT ER SEINE PUNKTE HIER VERGESSEN... ALSO DIESE AUGENKRANKEN

Papst Schnuffi

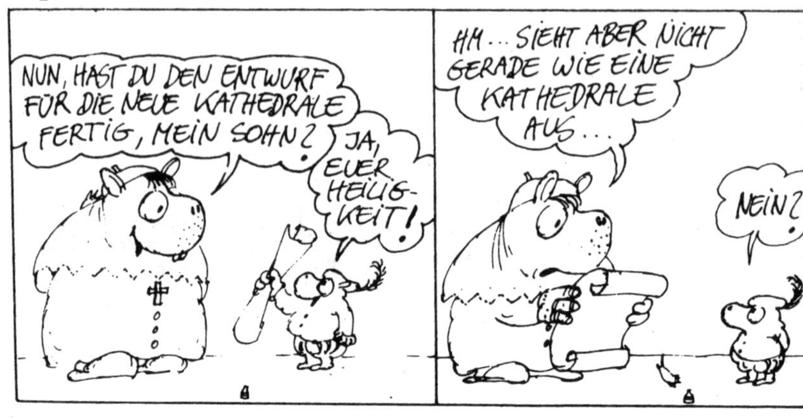

Schrecken der Meere

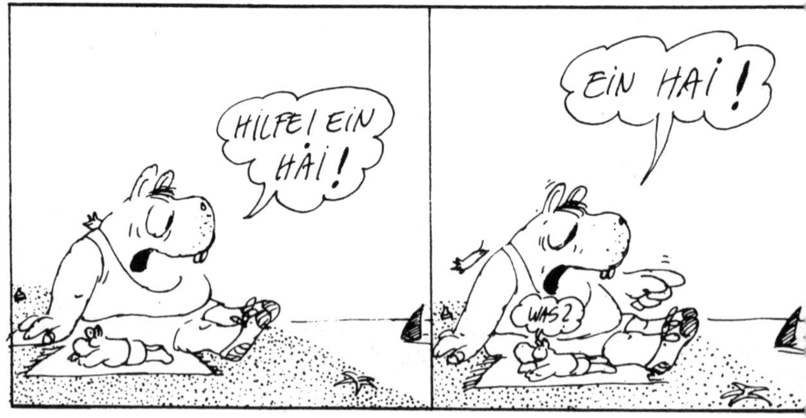

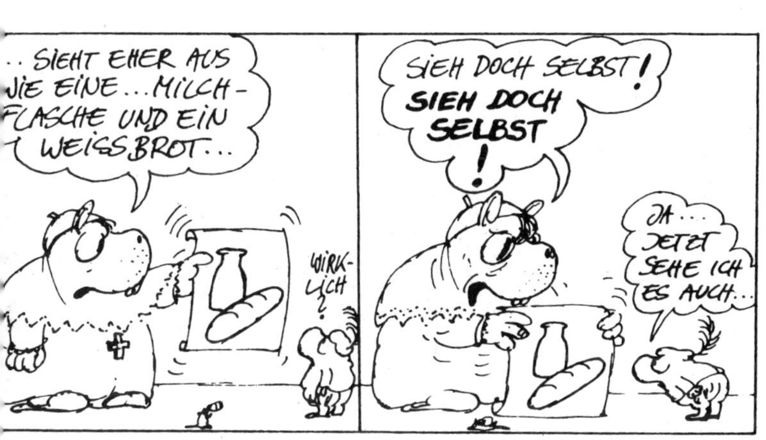
..SIEHT EHER AUS
WIE EINE ... MILCH-
FLASCHE UND EIN
WEISSBROT...
WIRK-
LICH
?
SIEH DOCH SELBST!
SIEH DOCH
SELBST
!
JA...
JETZT
SEHE ICH
ES AUCH...

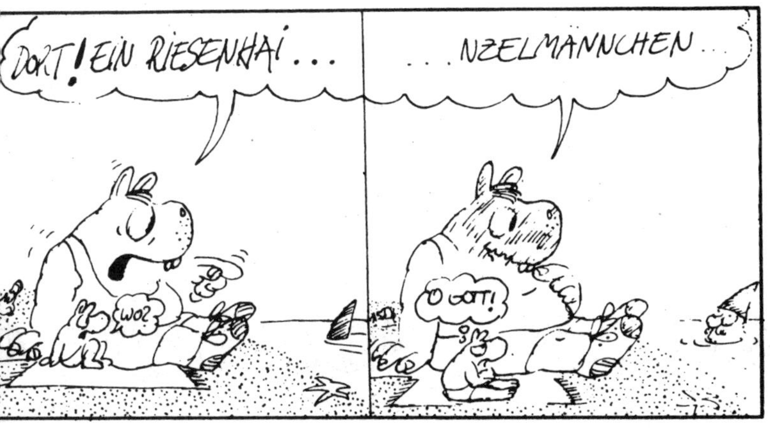
DORT! EIN RIESENHAI ...
WO?
... NZELMÄNNCHEN ...
O GOTT!

Das neue Jackett

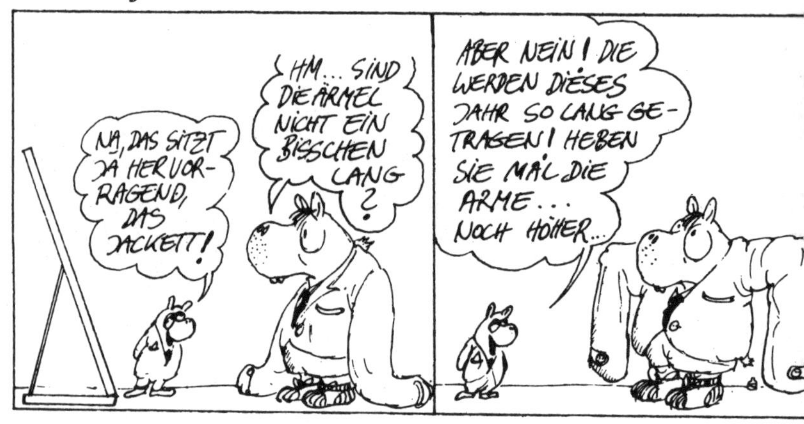

Beim Masseur

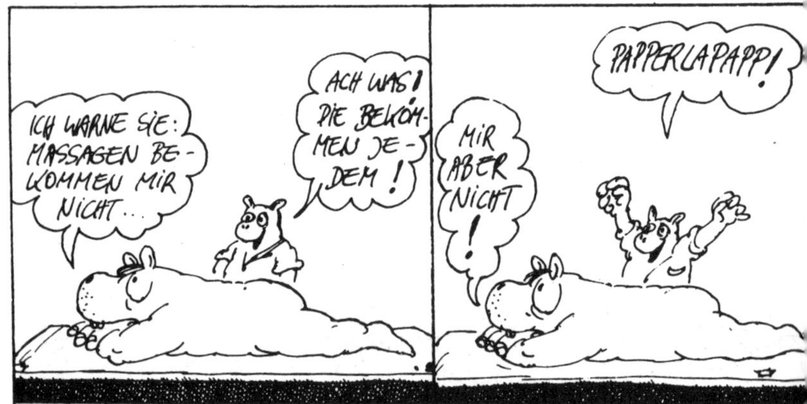

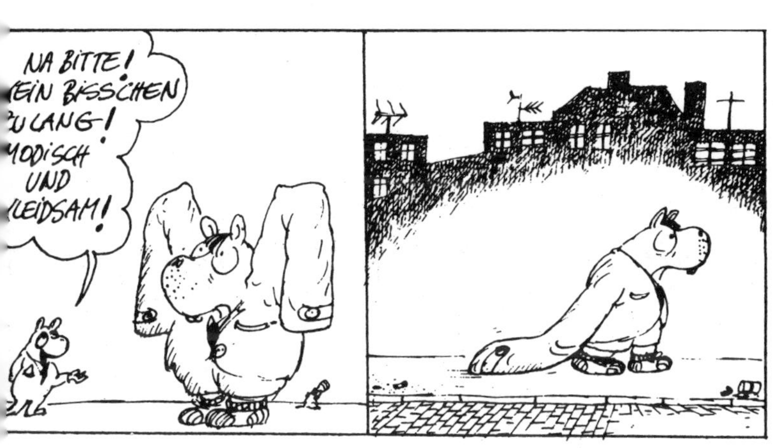
NA BITTE!
EIN BISSCHEN
U LANG!
ODISCH
UND
LEIDSAM!

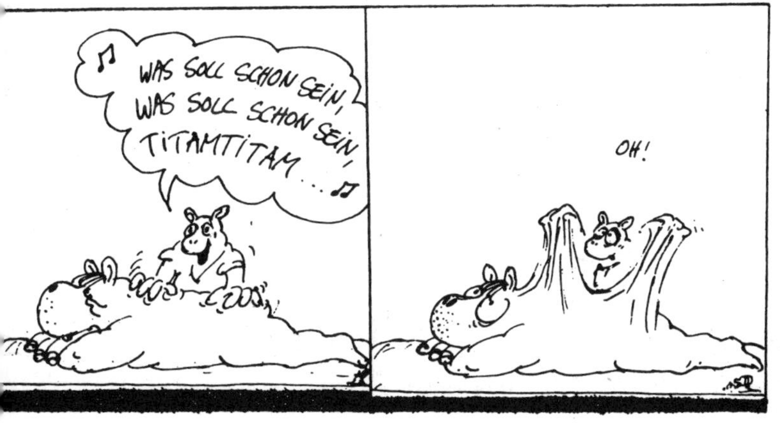
WAS SOLL SCHON SEIN,
WAS SOLL SCHON SEIN,
TITAMTITAM ...
OH!

Kirche heute

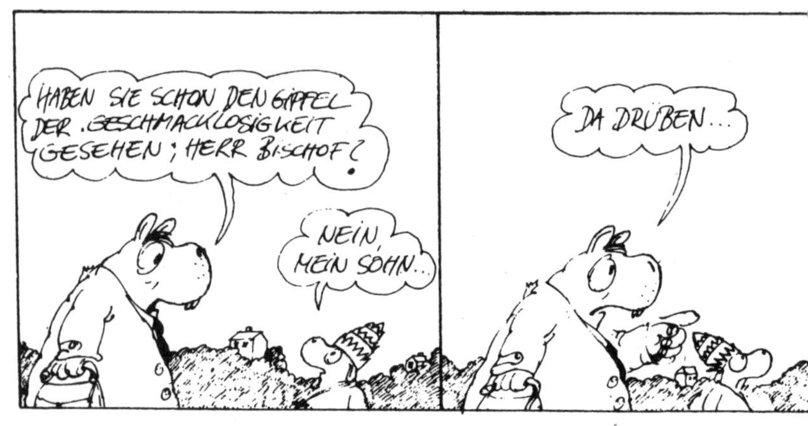

Der Traum ein Leben

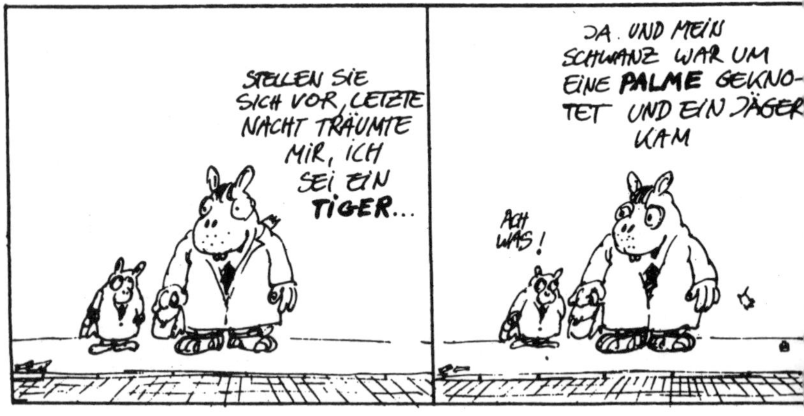

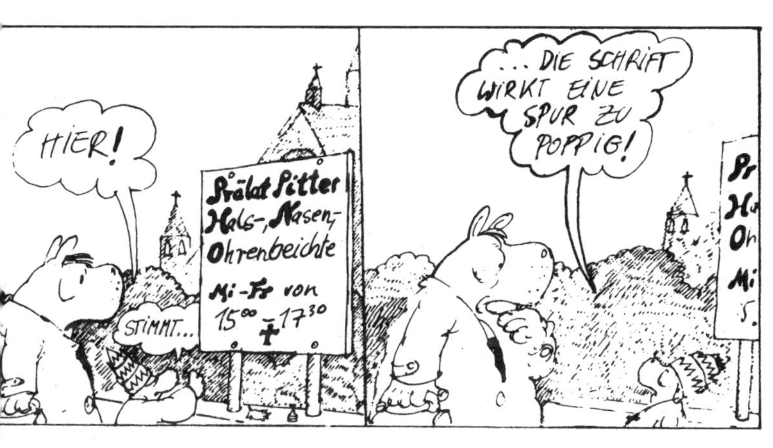
HIER!
Prälat Pitter
Hals-, Nasen-, Ohrenbeichte
Mi-Fr von 15⁰⁰-17³⁰
STIMMT...
... DIE SCHRIFT WIRKT EINE SPUR ZU POPPIG!

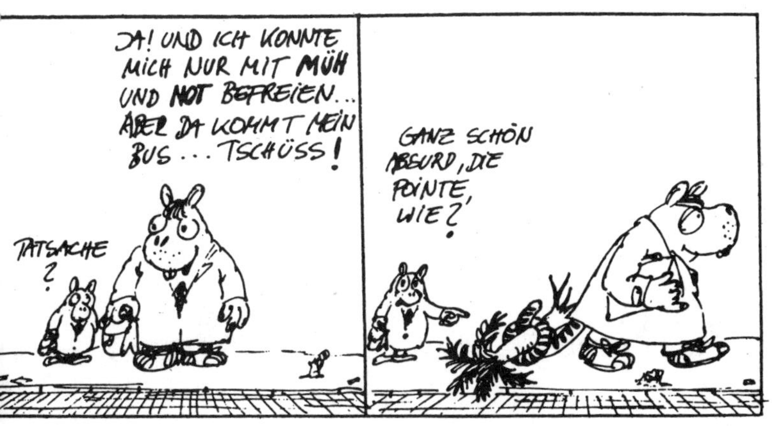
JA! UND ICH KONNTE MICH NUR MIT MÜH UND NOT BEFREIEN... ABER DA KOMMT MEIN BUS... TSCHÜSS!
TATSACHE?
GANZ SCHÖN ABSURD, DIE POINTE, WIE?

Das dumme Auge

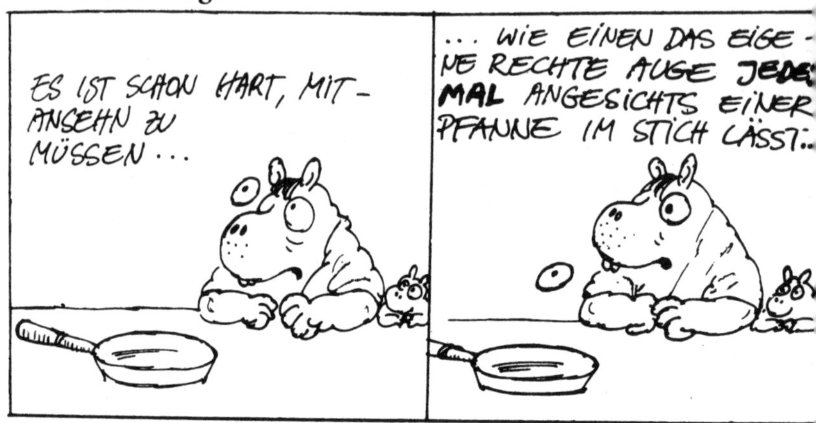

Mops und Metapher

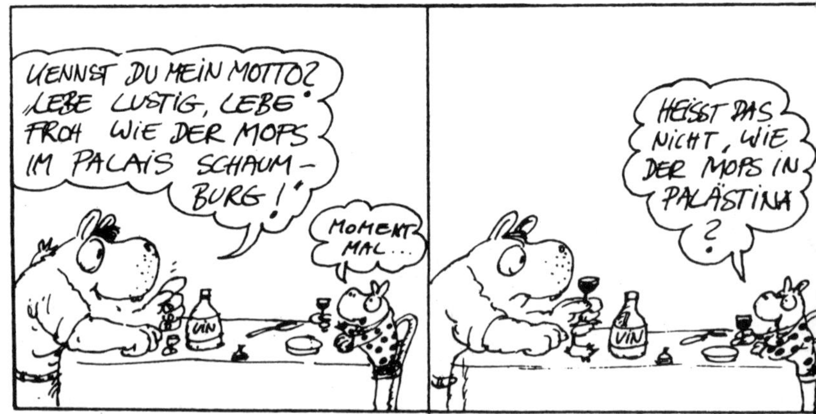

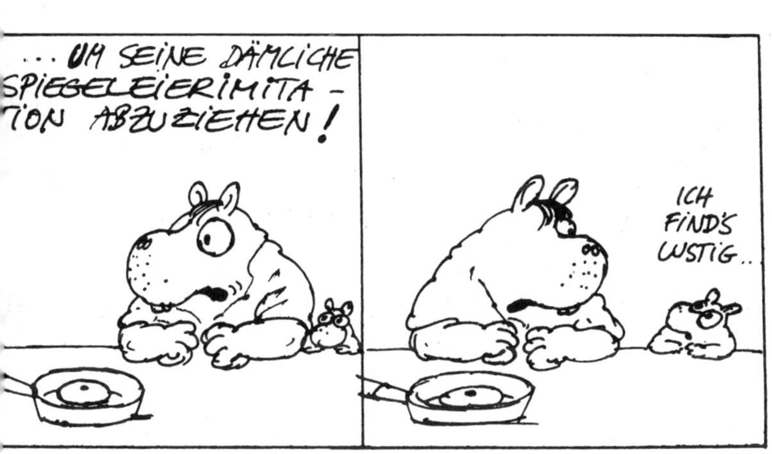
... UM SEINE DÄMLICHE SPIEGELEIERIMITA-TION ABZUZIEHEN!
ICH FIND'S LUSTIG ..

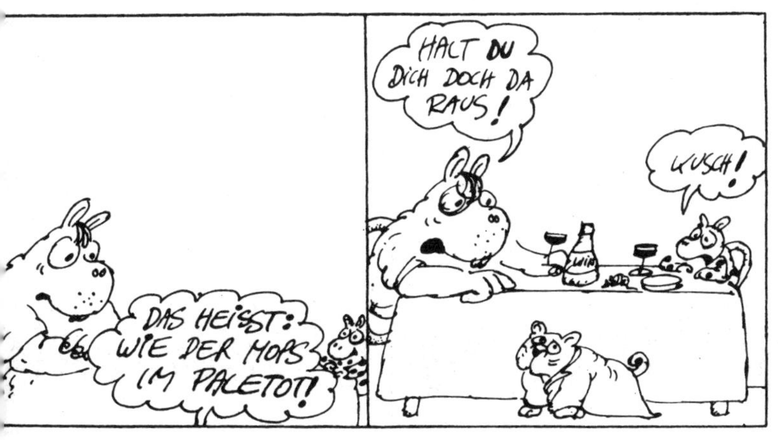
DAS HEISST: WIE DER MOPS IM PALETOT!
HALT DU DICH DOCH DA RAUS!
KUSCH!

Schnuffi Tarzan

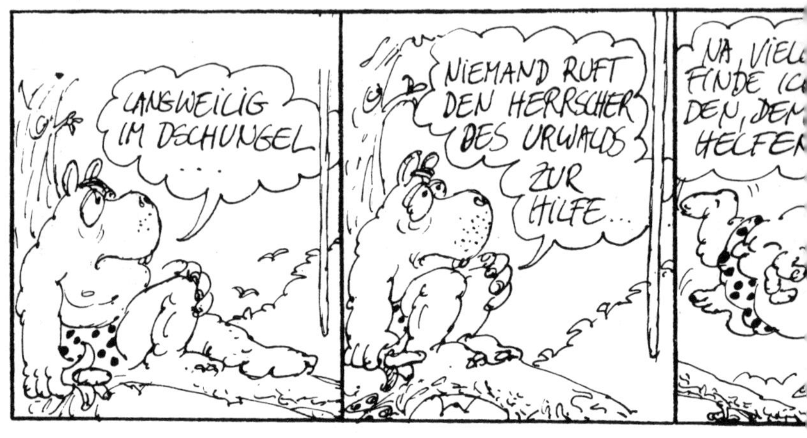

Wie bitte?

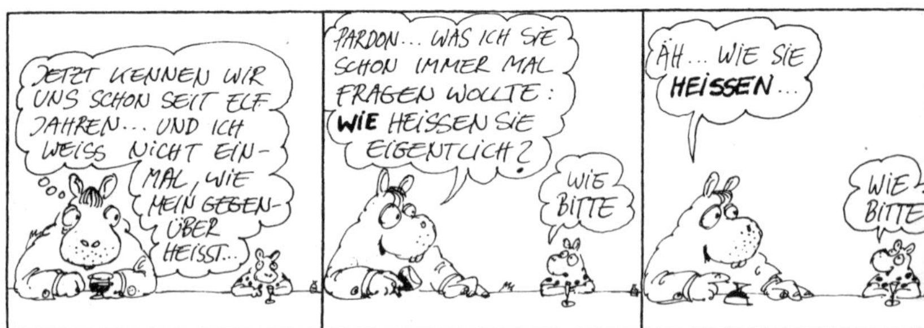

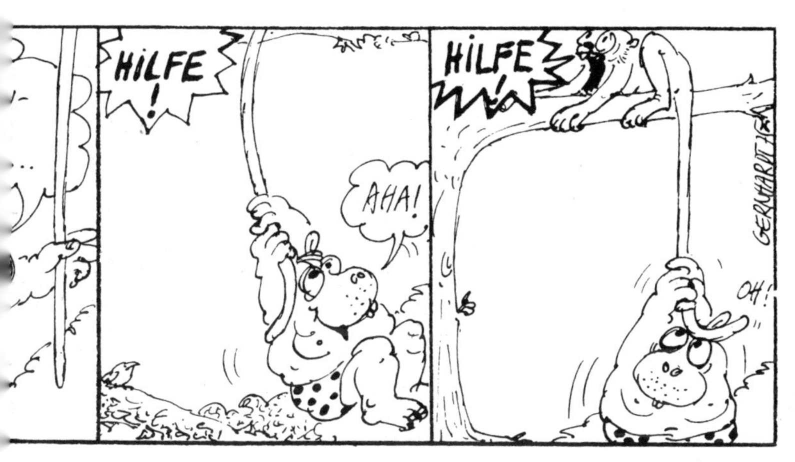
HILFE
!
AHA!
HILFE
!
GERNHARDT 75
OH!

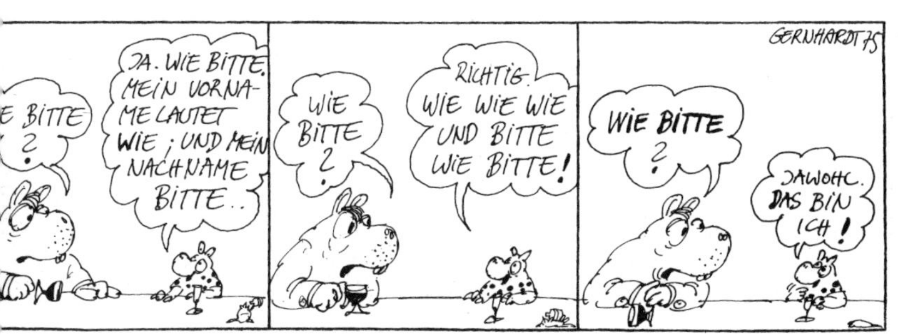
E BITTE
?
JA. WIE BITTE.
MEIN VORNAME LAUTET
WIE; UND MEIN
NACHNAME
BITTE..
WIE
BITTE
?
RICHTIG.
WIE WIE WIE
UND BITTE
WIE BITTE!
GERNHARDT 75
WIE BITTE
?
JAWOHL.
DAS BIN
ICH!

DER ZEICHNER HAT DAS WORT

Hundertsechsunddreißigmal ist Schnuffi ausführlich zu Wort gekommen, das letzte Wort sei mir, dem Zeichner, vergönnt. Mehr als elf Jahre lang, vom September 1964 bis zum Januar 1976, hat mich Schnuffi durchs nicht immer einfache Leben begleitet, und dass es nicht immer einfach war, lag nicht zuletzt daran, dass in der ganzen Zeit ganz einfach kein Monat verging, in dem ich mir nicht wieder einen neuen Schnuffi ausdenken musste. Dabei hatte alles so harmlos angefangen ...

Sommer 64 war's, da brüteten drei ziemlich frischgebackene Redakteure, F. W. Bernstein, F. K. Waechter und ich über dem Konzept einer Nonsens-Kolumne, die vom Herbst an in der bis dahin vorwiegend satirisch ausgerichteten Monatsschrift ›pardon‹ erscheinen sollte. Schon war der Name der Doppelseite gefunden, ›Welt im Spiegel‹, schon nannten wir sie mit dem hilfreichen Kürzel WimS, schon lagen zahlreiche Textbeiträge vor, noch aber fehlte das graphische Salz in der wortreichen Suppe, und da – aber nein. Wir brüteten ja gar nicht. Wir wussten ja sehr genau, welche Art von gezeichneten Witzen wir auf dieser Doppelseite sehen wollten. Schön sollten sie sein und doof, schön doof also, in der Tradition der legendären ›Bäckerblume‹ sollten sie stehen und auf gar keinen Fall etwas mit dem geistreichen Ohne-Worte-Witz der 50er und frühen 60er Jahre zu tun haben – die Ehefrau, die ihren Mann mit dem Nudelholz erwartet, fanden wir nun mal sehr viel komischer als – beispielsweise – Peynets poetische Liebespaare oder Floras Pegasus-Variationen.

Eine Haltung, die natürlich nicht frei von Hochmut war, einem Hochmut, der sich in doppelter Hinsicht rächen sollte. Doch davon später.

Erst mal nämlich sprudelten die Einfälle nur so. Wenn es denn Einfälle waren und nicht vielmehr Absichtserklärungen: Waechter und Bernstein wollten sich um die Rubrik ›Witz des Monats‹ kümmern, Waechter solo um die Rubrik ›Aus dem Tierreich‹; zudem erklärte er sich bereit, einer stehenden Figur das graphische Leben zu schenken, dem ›Jochen‹, auch er als Ein-Bild-Witz konzipiert. Fehlte also noch ein Comic, und den übernahm ich, einer musste es ja machen, und die beiden anderen hatten bereits zu tun. Ein Comic, so viel wussten wir, musste einen Helden haben; der Held, so viel war klar, sollte den dümmsten Namen tragen, der uns auf die Schnelle einfiel, Schnuffi; ähnlich töricht sollten auch seine Abenteuer ablaufen: Bar jeder normalen Pointe sollten sie die Erwartungshaltung des Comic-Betrachters ebenso verhöhnen wie das Comic-Medium selber – wir waren halt noch sehr jung, und da macht man gern Anti-Komik oder Anti-Theater oder man erklärt Opas Kino für tot, um, unbeschwert von allen handwerklichen Kenntnissen, Anti-Film machen zu können.

Name und Marschrichtung standen also fest, noch aber hatte die Figur keine Gestalt angenommen. Der Abgabetermin nahte. Das Angenehme mit dem Nützlichen verbindend, suchte ich an einem heißen Juliabend ein mir bis dato unbekanntes Lokal im Frankfurter Nordend auf – ein Bierchen in Ehren war als Entwicklungshilfe zulässig, ja geradezu angesagt. Mit diesem Vorsatz jedenfalls packte ich Papier und Kugelschreiber aus, doch es sollte anders kommen …

In besagtem Lokal nämlich widerfuhr mir die erste und bisher einzige Anekdote meines Lebens, richtiger gesagt: Ich wurde zum unfreiwilligen Helden einer nicht unkomischen Geschichte – so jedenfalls muss sie auf den zufälligen Betrachter gewirkt haben, ich, der Protagonist, fand sie alles andere als lustig. Unerwartet zügig nämlich hatte ich mein erstes Bierchen geleert, nun drängte ich den vielbeschäftigten Ober, mir doch rasch ein zweites, größeres zu bringen. »Wie groß?« – »Das Größte, das Sie haben«, antwortete ich unbedacht, und nach längerer Abwesenheit nahte sich der tückische Ober denn auch mit dem größten Maß Bier, dessen er hatte habhaft werden können, mit einem randvoll eingeschenkten Stiefel. Bis heute weiß ich nicht, wie viele Liter Bier dieses Riesenglas fasste. Drei? Fünf? Auf jeden Fall war es sehr viel Bier, und natürlich war es vollkommen ungewöhnlich, dass der Stiefel, diese gläserne Albernheit für Gruppenulk und Wettsaufereien, einer einzigen Person kredenzt wurde; die mutterseelenallein an einem leeren Tisch mitten im Lokal saß: Auf jeden Fall habe ich dergleichen weder vorher noch nachher in irgendeiner anderen Gaststätte erlebt, als Zuschauer nicht und schon gar nicht als Beschauter. Denn wie man sich denken kann, blieb der Vorgang nicht unbemerkt. Im Gegenteil: Gespräche verstummten, Köpfe wandten sich mir zu, für einen Moment erwog ich, fluchtartig das Lokal zu wechseln, doch dann nahm ich die Herausforderung an. Größtmögliche Gelassenheit vortäuschend, trank ich den ersten Schluck, in der festen Absicht, den riesigen Kelch bis zur Neige auszukosten, und so geschah es. Nach ich weiß nicht mehr wie vielen Schlucken in wer weiß wie vielen Stunden hatte ich es endlich geschafft. Mit einem letzten Aufgebot an Haltung und Scharfsinn zahlte ich und verließ das Lokal; dann freilich, am erstbesten Straßenrand, beugte ich mich vor, um das viele Bier auf demselben Wege und genauso flüssig aus mir herauslaufen zu lassen, wie ich es in mich hineingeschüttet hatte; ein Vorgang, den ich mit Erleichterung und einer geradezu unpersönlichen Verwunderung registrierte.

An diesem Abend nun – frage mich keiner, wie – erfand ich nicht nur das Schnuffi-Personal, es entstand auch die erste Vier-Bilder-Geschichte, eben jene, die im September 64 die erste WimS-Ausgabe beschloss und die nun, zweiundzwanzig Jahre später, dieses Buch eröffnet: An diesem Abend wurden also Weichen gestellt, von deren Trag- und Reichweite ich mir damals natürlich noch nicht die geringste Vorstellung machen konnte. Über die folgenden elf Jahre nämlich blieben Schnuffis Abenteuer ein Zwei-Figuren- und Vier-Phasen-Strip, eine freiwillige Selbstbeschränkung, die ich mir anfangs gewiss unbewusst auferlegte, die ich jedoch rasch als Stilmittel erkannte und als Herausforderung akzeptierte. Wann das war? Nach dem dritten Abenteuer? Nach dem vierten? Ich weiß es nicht, so wenig, wie ich damals wusste, wie viele Jahre mich derlei Personal- und Platzprobleme noch beschäftigen sollten. Denn weder war ausgemacht, welchen Zeitraum der WimS-Versuch umfassen würde, noch stand fest, ob die rasch, ja geradezu unbesonnen erdachten Rubriken und Helden denn nun wirklich in jeder Ausgabe aufzutauchen hätten. Nun – sie taten es, irgendwann gesellten sich zu dem frisch-fröhlichen Schaffen auch Kunstverstand und der Ehrgeiz, in jeder WimS-Ausgabe vertreten zu sein – das Ergebnis liegt vor.

Schnuffis Abenteuer erscheinen nicht das erste Mal in Buchform. Früh gab es zwei heute verschollene Auswahlbüchlein, es gab und gibt die ›Welt im Spiegel‹-Gesamtausgabe bei Zweitausendeins, und doch zeigt dieses Buch einen auch mir ungewohnten Schnuffi. Erstmals sehe ich seine Abenteuer chronologisch und komplett, ohne das häufig stützende und stets schützende WimS-Umfeld – was sehe ich da eigentlich?

Davon gleich mehr, zunächst soll ein anderer hinsehen, der Freund und Mitstreiter Fritz Weigle alias F. W. Bernstein, jemand, der seinen Blick dankenswerterweise auch in Worte gefasst hat. Mit freundlicher Genehmigung des Verfassers zitiere ich aus seinem Aufsatz ›Anatomie einer komischen Figur‹, entnommen dem kommenden Prachtband ›Bernsteins dickes Buch der Zeichnerei‹: »Schnuffi 1964: Seht nur, wie er am rechten Bildrand steht. Festgemauert, ins Format eingelassen, ein steinerner Gast. In den Beton der Komposition hat Baumeister Gernhardt zentnerweise Schraffiereisen eingezogen ... Tonnenschwer stampfen die Figuren ihrem Comic-Schicksal, der Pointe, zu. Ungefüge Troglodyten; monströse Wesen, mit den Stilmitteln schwerer Malerei aus dem Zoo der bildenden Kunst aufs Glatteis der Komik gelockt ... Schnuffi 1967: Mehr Aufmerksamkeit ist auf seine Gliederung verwandt ... Immer noch die Überlebensgröße, doch die Kolossalstatue ist schon von zierlicherem Federstrich umrandelt

... Hier spielt nicht mehr das dicke Malorchester, hier ist schon die kleine Graphik-Combo zugange ... Schnuffi 1974: Du siehst förmlich, wie's in ihm quillt, wie er sich rundet in jener düsteren Zeit. Und die Proportionen sind entschieden: Er ist ausgewachsen. Die Schnuffis der frühen Jahre hatten auch alle noch stures, starres Menschenmaß ... Jetzt aber: ein rundum eigenständiges Wesen ist entstanden...«

Das hast du schön gesagt, Fritz, herzlichen Dank, man kann es allerdings auch etwas anders – herzloser – sehen und sagen: Als ich die ersten Schnuffis zeichnete, konnte ich ganz einfach noch nicht zeichnen. Woher auch? In den Kunstakademien, die ich jahrelang besucht hatte, war ich stets angehalten worden, mich doch bitteschön vom Gegenstand zu lösen, wenn nicht abstrakt, dann doch wenigstens abstrahierend zu arbeiten. Dass ich es nicht tat, dass ich mich malend und radierend an einer Picasso-Beckmann-Chagall-Synthese versucht hatte, dass ich daneben fleißig Blick und Stift in Aktsaal und Zoologischem Garten übte – das alles lehrte mich zwar einiges, was mir nach und nach in späteren Jahren zugute kommen sollte, tat es jedoch nicht hier und jetzt, meint, als ich daranging, meinen ersten Schnuffi zu zeichnen. Da störten die wenigen akademischen Lernfrüchte eher, als dass sie den Komiksalat bereicherten, da beeinträchtigten massiv eingesetzte Schraffuren die Ablesbarkeit der Handlung, da gerieten der Wunsch, möglichst komisch, und der Wille, möglichst richtig zu zeichnen, einander derart in die Haare, dass ich die Strips der ersten Monate, ja Jahre nicht ohne heftige Korrektursucht betrachten kann: Hier ist die Handlung nicht einmal in den begrenzenden Kasten eingepasst (Schnuffi sucht), da stimmen die räumlichen Zusammenhänge nicht (Vertreterbesuch), stets werden die graphischen Mittel völlig willkürlich eingesetzt, immer wirken die Figuren steif und unbelebt – der sichtbare Auftritt der frühen Schnuffis ist eigentlich eine ziemliche Katastrophe.

Nicht so der Geist, der die Figuren erfüllt und die Abenteuer am Laufen hält; er ist es, finde ich, der eine Publikation auch der frühen und frühesten Abenteuer rechtfertigt. Freilich: Auch unter den frühen Pointen finden sich viele, die die Urheberschaft des noch suchenden jungen Menschen verraten – all die Strips beispielsweise, die das Medium, den Strip also, thematisieren; Strips, in denen mit der Begrenzung gehadert, das Gezeichnetwerden beklagt, der Betrachter zum Mitspielenden gemacht wird. Romantische Ironie nannte man das mal, als noch der junge Tieck Theaterstücke wie ›Der Gestiefelte Kater‹ schrieb, Stücke also, die zum Inhalt hatten, dass da ein Theaterstück aufgeführt wurde. Und noch der junge Handke machte aus der schlichten Tatsache, dass ein Theaterstück nicht das wirkliche Leben, sondern eine Übereinkunft darstellt, ein Theaterstück, in welchem eben jene Übereinkunft (Wir tun so, als ob wir Könige / Bettler / Dirnen etc. seien, ihr tut so, als ob ihr uns das glaubt), in dem also der unausgesprochene Kontrakt zwischen Schauspieler und Zuschauer schneidend aufgekündigt wurde, und das en suite, Abend für Abend, in der 1966 sehr erfolgreichen ›Publikumsbeschimpfung‹. Schnuffi freilich trieb es fast noch ärger. Er beschimpfte immer wieder seinen Zeichner – übrigens nennt er ihn Jeman, da ich bis 1971 unter dem Pseudonym Lützel Jeman veröffentlichte –; damals fand ich das lustig, heute kann ich mich an solchen abstrakten Volten nicht mehr so recht freuen, zumal emsige Zeichner in den letzten Jahren jedwede Variationsmöglichkeit vor- bzw. nachgeturnt haben.

Auch von einem anderen Witzstrickmuster der frühen Schnuffis würde ich heute die Finger lassen, da an ihm geradezu inflationär weitergestrickt worden ist – ich meine das Ins-Bild-Setzen von bildhaft gemeinten Redewendungen und Begriffen.

Wenn ich Schnuffis Abenteuer als Zwei-Personen- und Vier-Phasen-Strip bezeichnet habe, dann meint das die Regel. Ausnahmen wie einige Fünf-Phasen-Strips bestätigen sie ebenso wie die hier und da – stets nur ein einziges Mal – auftauchenden Strip-Besucher, unter ihnen einige jener bildgewordenen Wortgebilde, die »Blinde Kuh«, der »Schweinigel«, die »blinden Hunde« oder – Nietzsche im Bild – »Gott ist tot«. Ein Strickmuster, das ich selbstredend nicht erfunden hatte, eines, das damals in der Luft und ganz sicher uns, der WimS-Gruppe, lag, erfüllte es doch jene Kriterien, die wir anfangs an den WimS-Witz stellten: Es war schön doof und wurde vor allem von Waechter meisterhaft gehandhabt, in Bilderrätseln, Denksportaufgaben und ähnlichen Kleinformen. Das ging, solang es ging, heute aber ist aus dem einstmals schön doofen Witz ein Genre geworden, das ich nur noch doof finde: Was einst als Anti-Komik gedacht gewesen war, dient nun einfallslosen Witzhandwerkern als Entschuldigung dafür, dass ihnen nichts anderes einfällt, als Redewendungen zu illustrieren; was uns damals als Meta-Humor belustigte – das Witzemachen über das Witzemachen – stimmt mich heute trübsinnig. Irgendwann müsste doch auch dem letzten Witzbold klargeworden sein, dass dieses ebenso selbstgenügsame wie realitätsferne Glasperlenspiel ausgespielt ist, denke ich immer wieder; aber nein, immer wieder beginnen immer neue Generationen von Witzemachern damit, die Perlen von neuem zusammenzulesen, und die Lesersäue schlucken sie offensichtlich immer wieder gern. Mach einer was dagegen.

Weiter oben sagte ich – nein, nein, noch weiter oben, noch viel weiter oben, haben Sie's? – sagte ich also, dass sich unser Hochmut gegenüber dem anspruchsvollen Witzgut der 50er Jahre an uns rächen sollte, und das in doppelter Hinsicht. Von einer dieser beiden Rachen habe ich soeben gesprochen: Die Geister, die wir riefen …

Die andere Rache war subtiler, ist schwerer in Worte zu fassen, verfolgt mich bis heute. Also … Hm … Wie ich bereits verschämt andeutete, war WimS eine etwas merkwürdige und bemerkenswert frühe Spielart all jener Kulturrevolutionen, die sich durch die 60er Jahre zogen. In allen Kulturbereichen nämlich, in Theater, Film, Rockmusik, Malerei und Publizistik traten damals Neulinge auf, die aus der Tatsache, dass sie wenig wussten und kaum etwas konnten, nicht den naheliegenden Schluss zogen, erst mal etwas zu lernen und solange den Schnabel zu halten, sondern das genaue

Gegenteil: Sie meldeten sich lauthals zu Wort. Erstens waren sie gegen das, was bisher auf den jeweiligen Gebieten gemacht worden war, und zweitens hatten sie etwas Neues zu sagen. Aber was? Na, erst mal, dass sie gegen das waren, was bisher ... und zweitens natürlich, dass sie etwas Neues zu sagen hätten, was ganz einfach daraus hervorgehe, dass sie jung seien – und ganz Pfiffige beeilten sich, dem jeweiligen Kind schon mal einen Namen zu geben, oft, bevor es überhaupt zur Welt gekommen war, irgendwas mit »Neu« oder »Jung« zog ja immer, ob da nun der »Junge Deutsche Film« oder die »Neue Figuration« das Licht der Welt erblickten oder lediglich erblicken sollten.

Nicht, dass ich diese Haltung tadelte. Ob man etwas zu sagen hat, merkt man erst beim Reden, und ob einer mehr zu sagen hat als »Find ich nicht gut, werd ich alles besser machen« – das merkt man schnell genug beim Zuhören. Nein, nein: So ein unverbildeter Ausdruckswille ist erst einmal zu loben; sofern er nur stark genug ist, werden sich Inhalte und Ausdrucksmittel schon zur rechten Zeit einstellen.

Wenn sie's denn tun. Ich jedenfalls merkte rasch, dass mangelhafte Technik und Anti-Pointen alleine noch keine Garantie dafür bildeten, dass der Neue Witz dem alten, damals gängigen, überlegen war; also hieß es früher oder später, neue Pointen zu erfinden und alte Techniken des komischen Zeichnens und der komischen Bilderzählung wiederzuerwerben – wieweit mir das im Lauf der Zeit gelungen ist, darüber mögen andere entscheiden.

Von einer anderen, Schnuffi betreffenden Merkwürdigkeit jedoch muss ich selber berichten, von der Tatsache nämlich, dass die Abenteuer ursprünglich als Parodie gedacht gewesen waren. Als Parodie worauf? Auf den Comicstrip natürlich. Nur: Was wusste ich denn damals vom Comicstrip? Was wussten wir Deutschen von ihm? Herzlich wenig, da doch der Comic bei uns keine Tradition hatte und auch nach dem Kriege, als US-Import, nur sehr mühsam Fuß fasste. Sicher: Meine jüngeren Brüder brachten während der 50er Jahre die ersten Micky-Maus-, Prinz Eisenherz-, Tarzan- und

Superman-Hefte ins Haus, ich las sie natürlich auch, aber eigentlich war das ja Kinderzeug, nichts, womit sich ein heranreifender, sich bildender, gar gebildeter Mensch zu befassen hatte. Dem trug auch unsere Presse Rechnung. Kaum Comics in den Tageszeitungen; hier und da mal ›Blondie‹ oder ›Phantom‹ – ein Nichts, verglichen mit dem, was amerikanische Tageszeitungen Tag für Tag und erst recht am Wochenende publizierten, und das bereits seit Jahrzehnten. Erfolglos schließlich der Versuch der ›Bild-Zeitung‹, eine ernst gemeinte deutsche Comic-Serie ins Leben zu rufen: ›Detektiv Schmidtchen‹. Wenig beachtet, vegetierte der vor sich hin, um schließlich sang- und klanglos einzugehen. Und doch gab es in den 50er Jahren einen sagenhaft erfolgreichen deutschen Comic, einen, der in Fortsetzungen veröffentlicht und Album für Album massenhaft verkauft wurde, einen, der die Auflage der ›Quick‹ sprunghaft in die Höhe schnellen und den Zeichner langsam verzweifeln ließ, da das Publikum nach immer neuen Folgen verlangte – die Rede ist natürlich von Manfred Schmidts ›Nick Knatterton‹. Doch auch der war ja eine Parodie auf den Comic, ebenso wie der einige Jahre jüngere Schnuffi, sodass der – mich jedenfalls – überraschende Vorgang zu verzeichnen ist, dass im deutschen Kulturkreis Comic-Parodien entstanden und Verbreitung fanden, ohne dass der deutsche Kulturmensch so recht wissen konnte, was da eigentlich parodiert wurde – der Comic war eben was für Analphabeten, und wer eine Comic-Parodie belachte, bewies bereits dadurch sein Alphabetsein.

Auch ich war während der Schnuffi-Frühzeit nicht frei von diesem Dünkel, auch dieser Hochmut wurde mir rasch ausgetrieben: Die vermeintlich schön doofe Form erwies sich als recht anspruchsvolles Medium – mich jedenfalls nahm es mehr und mehr in Anspruch. Die Tatsache, dass da in Sprechblasen geredet wurde, mochte ja ein, zwei Folgen erheitern; nach der dritten spätestens hing der Heiterkeitserfolg vom Inhalt der Sprechblasen ab, vom Aufbau der Geschichte, vom nur allzu erwarteten oder überraschenderweise doch überraschenden Ende – mehr davon in meinem Essay ›Zur Ästhetik und Dramaturgie des Vier-Phasen-Comics‹, mit dem ich die Festschrift ›Robert Gernhardt zum 70sten‹ zu bereichern beabsichtige. Bis dahin kein Wort mehr.

Nur, dies noch: Der Vergleich ›Nick Knatterton‹ – ›Schnuffi‹ hinkt natürlich. Nicht nur, weil Nick Knatterton ungleich erfolgreicher war, sondern auch deswegen, weil ich bereits, anders als Manfred Schmidt, an amerikanische Vorbilder anknüpfen konnte, an Comic-Parodien, die Harvey Kurtzman und Bill Elder in den ersten ›Mad‹-Heften veröffentlicht und die mich durch die Unzahl von Begleit- und Hintergrundhandlungen begeistert hatten. In einigen der frühen Abenteuer habe ich Ähnliches versucht; übrig blieb, als Running und Drinking Gag, die Maus, die erstmals im zweiten Abenteuer auftritt, 1966 pausiert und ab 1967 bis zum allerletzten Abenteuer mit von der Partie ist.

Und das: Es gab Schnuffi-Fans – und möglicherweise gibt es sie noch immer –, ein wirklicher Publikumsliebling ist Schnuffi nie geworden. Wahrscheinlich nicht zu seinem Nachteil. Als E. O. Plauen, der Schöpfer von ›Vater und Sohn‹, der sicherlich erfolgreichsten deutschen Bildergeschichte dieses Jahrhunderts, 1937 die Serie einstellte, tat er es auch deswegen, weil Stimmen laut wurden, das Paar treibe es nun schon lange genug und werde es wohl in alle Ewigkeit so weitertreiben. Da aber waren die ›Vater und Sohn‹-Geschichten erst drei Jahre lang erschienen, wöchentlich, in der Zeitschrift ›Berliner Illustrirte Zeitung‹. Zum Vergleich: Die 1896 geborenen ›Katzenjammer Kids‹, den ersten erfolgreichen US-Comic, gibt es heute noch, und das Tag für Tag. Beide Schicksale, zu früher Tod und – vermutlich – zu langes Leben, blieben Schnuffi erspart. Im Schutze des WimS-Geheges konnte er sich in aller Beschaulichkeit entwickeln, beleibter und beliebter werden, ohne doch übertriebene Beachtung zu finden: Kein T-Shirt trägt sein Konterfei, nie wurde er in Plastik gegossen oder auf Postern vermarktet. Als wir WimS verließen, 1976, ging auch er, ruhig, aber gefasst, kein Geistlicher hat ihn begleitet, nur ein Seufzer der Erleichterung. Den aber stieß sein Zeichner aus, und zugleich tat der einen heimlichen Schwur: Nie wieder wollte er ein eheähnliches Verhältnis mit einer komischen Figur eingehen, nie wieder Monat für Monat ein neues Abenteuer erfinden müssen. Und bis heute, toi, toi, toi, hat er Wort gehalten.

HOMMAGE AN SCHNUFFI

Unter die Lehrer meiner Jugend – Karl Kraus, Stan Libuda, Theodor Adorno und Margaret Rutherford – muss ich auch ein Nilpferd rechnen. Sein Schöpfer Robert Gernhardt, ein zoologisch versierter Mann, hat es nicht als »Nilpferd« bezeichnet, vielleicht, weil es zu sehr ins Menschliche tendierte. Doch handelt es sich bei dem Exemplar mit dem depperten Namen »Schnuffi« deutlich um ein Hippo, eines allerdings, das durch die Gemeinschaft mit dem Zeichner Gernhardt aus der Art geschlagen ist. Sein Habitat ist der Nonsens, ehemals eine hohe Kunst auf dem Feld der Kleinkunst. Aber es ist nun einmal etwas anderes, ob man sich an die Abwehr von Sinn in bedeutungsschweren Zeiten macht oder in einem Jahrzehnte lang währenden »Fun Freitag«.

Als ich noch ABC-Schütze der Alten Frankfurter Schule war, hing im Bahnhof meines Heimatortes Oedekoven die Ecclesia-Bildpredigt mit dem Motiv »Junge über Fußball gebeugt«. Daneben stand: »Der Reifeprozess schafft Probleme, der Fußball löst sie nicht.« Meine Bildpredigt zu jener Zeit hieß »Schnuffi«, reihte elf Jahre lang monatlich vier Bilder zum Strip und löste die Probleme meines Reifeprozesses auf eigene Art, durch Ironie ebenso wie durch die Abwesenheit von Ironie, durch Pointen wie durch die Verweigerung derselben, durch Unsinn mit durchscheinendem Tiefsinn, durch ein Schlammbad im Trivialen. Genauer gesagt, Schnuffi zielte auf nichts, er war Zustand, Milieu, Klima, er war die Sphäre, in die das Komische eintreten konnte, nicht musste. Denn eigentlich ist an Schnuffi alles Latenz: ein Lacher könnte akut werden, doch zwingt ihn keiner. Spaß muss nicht sein.

Wenn sich ein Dokumentarfilm über die Spezies den ernsthaften Namen »Dark Side of Hippo« gegeben hat, dann führte uns

Gernhardt auf Hippos »Bright Side«. Mit seinen Geschichten setzte eine komplette Umbildung dessen ein, was mir komisch vorkam: Frauen und Männer zum Beispiel, Dicke und Dünne, Trockene und Trinker, Schwätzer und Schweiger, Massige und Miniaturisierte, tierliebe Menschen und menschenliebe Tiere. Man verfolgte diese Geschichten, die den »Strip« für uns erst geistfähig machten, mit dem Blick von Eingeweihten, die hinter der Vorder- und unter der Oberfläche das Lächeln dieses kindlichen Erwachsenen mitlächelten. Er war in diesen Sequenzen auch ohne massenhaften Erfolg volkstümlich, nämlich zugänglich und mitten im Leben aller, und in unserem täglichen Sprachgebrauch wurden Geschichten häufig abgebunden mit der schnuffi-spezifischen Reaktion: »Doll wie?«, »Gut, was?« oder omnipräsent: »Oh«. Schnuffis Humor war nicht »pontifikal«, sondern trotz der zahlreichen unterschwelligen Bezüge zu Bildungsgütern sozial, er zielte in die große, klassenlose Gesellschaft der Amüsierbaren.

Keine Frage, dieser Dichter war ja eigentlich »staatlich ausgebildeter Kunstmaler«, aber sonst war nichts staatlich an ihm. Auch »staatlich geprüfter Kunsterzieher mit Deutsch als Beifach« durfte er sich nennen, aber wie erzog er? Durch Kunst? Zur Kunst? Oder gar die Kunst? Und wie machte er das mit »Deutsch als Beifach«? Dass er sich, statt in den Schuldienst, in die »Pardon« einzutreten entschloss, badeten wir alle glücklich aus und umarmten ihn als Menschenfreund und Humanisten mit Lehrbefähigung an der Universität des Lebens.

Schnuffi verschaffte uns vor allem Erleichterung. Er eröffnete einen neuen Einfallswinkel der Weltbetrachtung, und der war so ergiebig, dass ich sechzehnjährig nach vier Jahren der Kohabitation mit Schnuffi Robert Gernhardt den – nach Libuda – ersten Fan-Brief meines Lebens schrieb mit der Auskunft, ich säße hier auf einem Hügel des rheinischen Vorgebirges, im bäuerlichen Oedekoven, und er sei dabei, mein Leben vor dem Ernst des Lebens zu retten. Zwei Tage später kam die Antwort als Zeichnung mit Gruß von Schnuffi. Wie hätte ich ihm das je vergessen können?

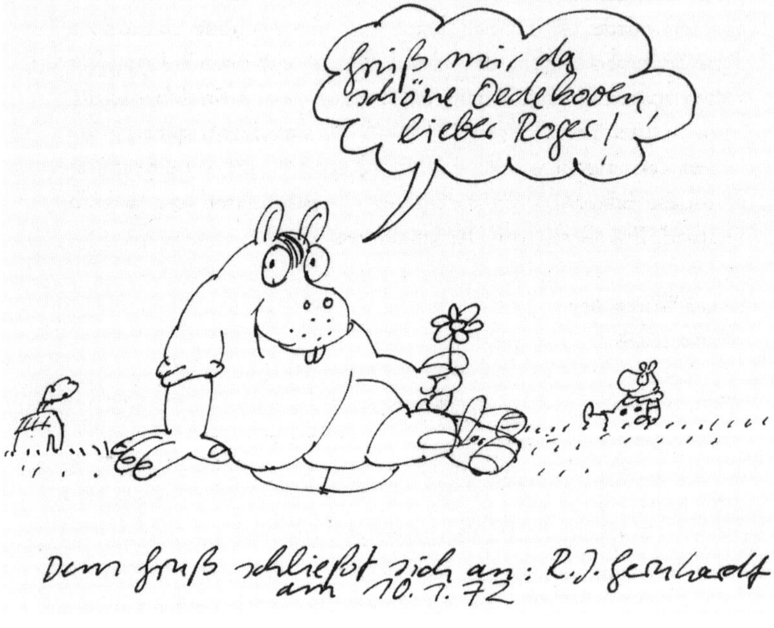

Gruß mir da schöne Oedekoolen, lieber Roger!

Dem Gruß schließt sich an: R. J. Gernhardt am 10. 7. 72

Nach Gernhardts Tod habe ich Talinn in Estland besucht, wo er geboren wurde, als es noch Reval hieß. Eine schöne Stadt, doch ohne Spur von Gernhardt. Manche Landschaft im Umland glich seinen späteren, großformatigen Bildern, aber kein Monument, keine Statue, keine Plakette erinnerte an ihn. Dann spazierte ich in den Zoo und fand mich plötzlich Auge in Auge mit einem Nilpferd, das Schnuffi wie aus dem Gesicht geschnitten war, und ich verstand: Ein Gernhardt-Denkmal muss leben!

Roger Willemsen
Januar 2009

Schnuffi-Register

Advent, Advent 32
Auf der grünen Wiese 14
Auf Leben und Tod 26
Aus Paris 52
Beim Arzt I 90
Beim Arzt II 130
Beim Masseur 134
Bettler Schnuffi 22
Bildhauer Schnuffi 78
Bild und Wirklichkeit 76
Blinde Kuh 24
Das Beistelltischchen 128
Das böse Ende 62
Das Duell 46
Das dumme Auge 138
Das Geschöpf und sein Schöpfer 46
Das Gesetz des Lebens 32
Das neue Jackett 134
Das Sesam 34
Der Countdown 58
Der Erwählte 60
Der Fluch 36
Der Jäger und sein Opfer 102
Der Kugelschreiber 106
Der Linienrichter 116
Der Maler und sein Modell 100
Der Mensch und das Feuer 64
Der Ring des Schnuffi 126
Der Schutzengel 124
Der Spiegel 28
Der Spuk 82
Der Sturz 94
Der tägliche Tod 76
Der Teufelsfahrer 48
Der Traum ein Leben 136
Des Rätsels Lösung 36
Die Botschaft des Maulwurfs Moses 114
Die Fahrprüfung 42
Die Gehaltserhöhung 116
Die gelbe Gefahr 74
Die Mängelrüge 98
Die praktische Vernunft 118
Die Tarnkappe 64
Die Verwandlung 12
Die Welt als Vorstellung 102
Ein Inselwitz 18
Ein Mann und sein Weg 96
Ein Sonnenaufgang 14
Eine Flugkatastrophe 40
Eine gewagte These 112
Eingesperrt 10
Elektriker Schnuffi 88
Elfmeter 70
ER 106
Exorzismus I 72
Exorzismus II 128
Fakir Schnuffi 96
Falsche Hunde 84
Fälscher Schnuffi 30
Faust I 16
Feuchte Ferien 56
Fünfkämpfer Schnuffi 54
Grenzen der Sprache 80
Grund zur Klage 50
Im Krankenhaus 86

Im Morgenland 92
Im Patentamt 52
Im Restaurant I 16
Im Restaurant II 62
Im Restaurant III 84
Im Restaurant IV 90
Im Restaurant V 114
Im Restaurant VI 118
Im Restaurant VII 122
In der Folterkammer 110
In der Fremde 108
In Hellas 126
In Schnuffis Kopf 70
Kammersänger Schnuffi 100
Kirche heute 136
Land der Reime 120
Magier Schnuffi 68
Mahner Schnuffi 6
Mops und Metapher 138
Moralist Schnuffi 58
Nacht für Nacht 104
Narziß Schnuffi 108
Nietzsche im Bild 66
O la la Paris 124
Oh, Schnuffi 80
Papst Schnuffi 132
Professor Schnuffi 40
Quo vadis, Schnuffi? 38
Rapunzel, Rapunzel 92
Roß und Reiter u.s.w. 74
Schnuffi badet 34
Schnuffi boxt 18
Schnuffi bringts nicht 20
Schnuffi packts nicht 8
Schnuffi pokert 56
Schnuffi spottet 30
Schnuffi sprintet 26
Schnuffi staunt 20
Schnuffi sucht 6
Schnuffi Tarzan 140
Schnuffi, tätowiert 88
Schnuffi und die Wunderlampe 86
Schnuffi, vergeßlich 78
Schnuffi wandert 10
Schnuffi will zum Film 54
Schnuffi wirbt I 104
Schnuffi wirbt II 122
Schnuffi, frisiert 60
Schöpfer Schnuffi 24
Schrecken der Meere 132
Schütze Schnuffi 110
Selbsterfahrung 50
So ein Schweinigel! 28
St. Schnuffi 72
Stimmungskanone Schnuffi 22
Verkehrswarnung 66
Versager Schnuffi 42
Vertreterbesuch 8
Vertreter Schnuffi 130
Vor dem Gericht 120
Vulkan Schnuffi 98
Weisheit des Ostens 38
Wie bitte? 140
Wilhelm Schnuff 48
Wort für Wort wahr 112
Wunder der Natur 68
Zeichnerbeschimpfung 82
Zeichnerbeschwörung 94
Zöllner Schnuffi 12
Zukunftsperspektive 44
Zuviel des Guten 44